신명기 적용과 실천

변화를 만드는 성경 5

신명기 적용과 실천

초판 1쇄 인쇄 2025년 1월 20일
초판 1쇄 발행 2025년 1월 25일

지 은 이 | 김완섭
펴 낸 이 | 오복희

펴 낸 곳 | 도서출판 개혁과회복
등록번호 | 제2018-000044호
등록일자 | 2018년 4월 12일
주 소 | 서울특별시 송파구 마천로 100 C동 402호(오금동)
편 집 부 | 010-6214-1361
관 리 부 | 010-8339-1192
팩 스 | 02-3402-1112
이 메 일 | newvisionk@hanmail.net

디 자 인 | 참디자인

ISBN 979-11-89787-56-1 (04230)
979-11-89787-51-6 (세트)

* 한 권 값 17,000원
* 잘못된 책은 교환하여 드립니다.

JMDC 경건훈련도서

신명기 적용과 실천

김완섭 지음

변화를 만드는 성경 5

도서출판
개혁과회복

변화를 만드는 성경

『변화를 만드는 성경』 시리즈는 성경개론, 묵상, 설교자료, 삶에 적용, 실천, 변화까지 만들어주는 경건훈련을 겸한 성경안내서입니다. 어떻게 그것이 가능할까요? 모든 초점을 오로지 변화에만 맞추면 그렇게 될 수 있습니다. 개론적인 부분도 적용과 변화가 가능한 정도까지를 종합하여 제시합니다. 묵상은 좀 더 근본적인 접근방법으로 인하여 하나님 중심적인 시각으로 자신과 세상을 바라볼 수 있게 만들어줍니다. 현실적으로 활용이 가능한 설교의 자료들을 풍부하게 제공합니다. 구약이든 신약이든 제자로서의 삶을 이끌어줄 수 있도록 적용하는 일에 초점을 맞춥니다. 결국『변화를 만드는 성경』 시리즈를 창세기부터 꾸준하게 읽고 적용하다가 보면 자신도 모르는 사이에 시각이 바뀌고 삶이 서서히 변화되어 그리스도의 제자로서의 영성을 얻게 될 것입니다. 마치 새로운 성경을 보는 것 같은 생각도 들 것입니다.

성경을 대하는 방법은 여러 가지가 있지만 그 모든 것을 종합하면 성경을 읽거나 묵상하거나 공부하는 목적은 적용과 실천이라고 할 수 있습니다. 물론 신학적인 입장에 따라 다양한 해석이 나오는 것은 사실이지만 말씀의 흐름과 목표의 범위를 크게 벗어나서는 안 될 것입니다. 본 시리즈의 목적은 그런 말씀의 원리를 어떻게 실제 삶 속에 적용하고 실천할 것인가에 대한 고민으로부터 출발했습니다. 그런 고민을 안고 기획하고 집필하다가 이런 형태의 안내서가 완성되었던 것입니다.

신앙은 삶과 유리될 수 없습니다. 삶에서 떨어져서 신앙 자체만을 고수하려고 하는 순간 우리는 말씀의 본질을 잃어버리게 될 것입니다. 물론 한시적으로 현실을 벗어나서 영성에 집중할 수는 있겠지만, 기본적으로 삶에 뿌리를 두어야 진정한 영성이 이루어질 수 있습니다. 그런데 많은 경우에 말씀을 삶에 적용하는 데 어려움을 느끼고 있습니다. 그것은 교회 안에서만 머무르려고 하는 시도와 깊이 연결되어 있습니다. 어떻게 참다운 신앙을 세상 속에서 살릴 것인가에 대해서 낯설어하는 것이 오늘날의 현실입니다. 이 책은 그런 면에서 하나의 모델이 될 수 있을 것입니다.

『변화를 만드는 성경』 시리즈는 성경 전체를 총 32권에 나누어서 날마다 한 장씩 성경을 읽고 묵상하고 적용하면서 은혜를 받고 변화될 수 있도록 기획된 특별한 목적의 책들입니다. 현실적인 신앙생활에 적용이 가능하도록 해설한 족집게 식 개론과 다른 시각으로 생각하도록 기획한 묵상과 실천적인 문제제시로 이루어진 이 책을 사용한다면 평이한 성경통독이나 묵상을 대체할 수 있는 뛰어난 안내가 될 수 있고, 하나님의 말씀의 귀한 양식을 취할 뿐만 아니라 소화까지 완벽하게 이루어냄으로써 날마다 하나님을 새롭게 만나게 되며 나날이 신앙이 성장해가는 경험을 할 수 있을 것입니다.

이 책은 교회 안에서 소그룹으로 활동하게 만들어도 교회에 많은 변화가 올 것입니다. 성경묵상이나 공부가 아니라 실천서이기 때문입니다. 매일 성경 한 장 속에 두세 가지 적용과 실천사항이

제공되는데 매일 감당하지 못하면 한 주에 한두 가지만 실천을 시도해도 자연스럽게 큰 변화가 올 것입니다. 다만 소그룹으로 진행할 때에는 반드시 성도들 스스로 해당되는 부분을 미리 온전하게 준비해야만 그 효용성이 나타날 것입니다. 자신이 소화하지 못한 말씀은 아무리 그럴 듯하게 감동적으로 들더라도 거의 자기 것이 되지 못합니다. 신앙지식적인 면에서도 당연하지만 변화라는 측면에서는 오히려 그 변화를 훼방하게 될 뿐입니다. 자신이 소유한 것을 지체들과 나눔으로써 그 말씀이 객관화될 수 있고 온전하게 신앙의식 속으로 녹아들어갈 수 있을 것입니다.

다만 『변화를 만드는 성경』 시리즈는 주석이나 연구서가 아닙니다. 깊이 있는 신학적인 요구사항을 가지고 본다면 만족하기 어려울 것입니다. 적용 대상은 기본적으로 일반 성도들입니다. 그렇다고 목회자나 설교자에게 도움이 되지 않는 것은 아닙니다. 순수하게 신앙이라는 관점에서 작성한 내용들이기 때문입니다. 따라서 목회자라고 할지라도 마음을 열고 이 책을 진지하게 독파해나간다면 주님께서 더욱 기뻐하시는 제자로서의 삶을 살 수 있게 될 것입니다.

『변화를 만드는 성경』을 잘 활용하려면

무슨 교육이나 훈련이든지 간에 활용방식에 따라 엄청난 차이가 나타납니다. 똑같은 훈련이라도 접근방식과 훈련방식에 따라 큰 차이가 있습니다. 전혀 효과적이지 않을 수도 있고 너무나도 크게 변화될 수도 있습니다. 다음과 같은 방식을 그대로 따라간다면 반드시 놀라운 변화를 경험하게 될 것입니다.

1. 이 책을 대하기 전에 반드시 성경의 해당본분을 먼저 정독할 것을 권합니다. 원본인 성경의 내용을 파악하기 위해서입니다.
2. 이 책의 각 단원의 본문 개론, 본문 구성, 본문 적용까지를 읽습니다. 이 책에서 제시하는 구체적인 방향을 알기 위해서입니다.
3. 그 다음에 성경본문을 다시 한 번 정독합니다. 이제 이 책의 방향이 더 뚜렷해지고 묵상과 적용을 위한 준비가 됩니다.
4. 지금부터 이 책의 각 소제목의 내용을 읽고 묵상하고 적용해 나갑니다. 소제목은 2~3가지가 제시되는데 각 소제목들의 해당부분을 충분히 소화합니다.
5. 마지막으로 종합적으로 '하나님의 마음', '오늘 받은 은혜', '실천을 위한 도전'을 진행합니다.
6. '실천을 위한 도전' 부분은 반드시 먼저 성령님께 간구하여 깨닫게 해달라는 기도 후에 깊이 묵상하시기 바랍니다. 질문만으로는 자신의 신앙현실을 깨닫기가 쉽지 않기 때문입니다.

마지막으로 꼭 당부하고 싶은 것은 기존에 가지고 있는 생각을 다 내려놓기를 바랍니다. 비현실적인 내용을 현실적으로 적용하려면 선입견을 버려야 하기 때문입니다. 신앙이 자라지 못하는 이유는 고정관념 때문인 경우가 많습니다. 열린 마음, 긍정적이고 변화를 소망하는 마음으로 이 책을 진행해나감으로써 신앙의식이 변화되어 생각이 바뀌고 언어와 행동과 삶이 변화되는 모든 분들이 되시기를 간절히 바랍니다. 이 책을 사용하는 모든 분들을 축복합니다.

차 례

적용과 실천을 위한
신명기

신명기 개관

Deuteronomy

개요, 저자, 연대

신명기는 가나안 입성 직전에 모압 평지에서 모세가 이스라엘 백성들에게 행한 율법의 재교육 및 적용서입니다. 시내산 언약의 주인공 구세대가 그들의 죄악으로 말미암아 멸망당한 이후에 새롭게 태어난 세대와 어렸을 때 율법을 접했던 신세대의 백성들에게 앞으로 가나안 땅을 어떻게 정복해야 할지와 어떻게 살아야 할지에 대한 자세한 가르침이었던 것입니다. 하나님의 백성이 갖추어야 할 기본 도리를 설명한 생활지침서이자 참된 복을 받아 누릴 수 있는 안내서입니다. 물론 신명기에는 앞에서 기록된 3권의 책에서 지시하신 율법들이 거의 고스란히 담겨져 있습니다. 모세에게 주시는 새로운 계시도 없습니다. 다만 그 내용들을 한 번에 잘 정리하여 반복하고 주석하고 해석하고 확대하였으며 그것을 강조하는 논증들인데, 몇 가지 자세한 교훈을 첨가하고 있습니다. 다만 이스라엘 전체 백성들에게 주시는 명령인 만큼 제사장들이나 레위인들에 대한 규례와 그들의 직무 수행에 관한 율법들은 반복하지 않았습니다.

신명기의 제목은 원래는 '책망의 책', '율법의 축약' 등으로 불렸으나 70인역에서 '제2의 율법' 또는 '율법의 반복'이라는 의미로 제목을 붙였고, 그것을 의역하여 '율법을 자세히 설명하는 책'이라는 의미로 신명기라고 부르게 된 것입니다. 신명기의 '신(申)'은 '펼 신', '거듭 신'이라는 뜻이기 때문입니다. 기록 연대는 다른 모세오경과 같은 범주에 속하지만, 가장 늦게 특히 모압의 느보산에서 행해진 마지막 설교이며, 그곳에서 두 달 동안 머물다가 최후를 맞이한 것으로 볼 때 출애굽 제40년 곧 B.C.1406년 11월경에 기록되었을 것으로 보고 있습니다.

하나님의 말씀은 반복되어야 합니다. 특히 직접 명령을 듣지 못한 후세대들에게 하나님의 말씀을 다시 들려줌으로써 하나님과의 신뢰관계를 회복하고 하나님과 교제할 수 있도록 했으며, 하나님께서 약속하셨던 가나안 땅을 정복하도록 만드시는 것이었습니다. 만약에 그냥 다른 나라가 어떤 지역을 무력으로 정복하는 것이라면 하나님과 이스라엘은 아무 관계가 없습니다. 그러나 하나님의 이끄심을 따라 가나안을 정복하는 일이라면 반드시 하나님께서 명하시는 방식대로 행해야만 합니다. 그것을 위해서는 제2의 율법이 아니라 제100의 율법이라도 반드시 들려주셔야만 합니다. 그렇게 의식 속에 율법이 새겨질 때 이스라엘 백성은 이스라엘다워질 것입니다.

전체 내용

제1부 출애굽의 역사해설

1. 서론	1장 1~5
2. 광야 40년의 회고	1장 시내산에서 가데아까지
	2장 가데스에서 모압과 정복의 시작

제3부 경고와 예언

1. 가나안에서 지킬 법	27장 돌에 새김과 금지해야 할 법
	28장 축복의 약속과 저주의 경고
2. 모압에서 맺은 언약	29장 언약을 새롭게 환기시키시다.
	30장 복 받는 길을 재차 강조하시다.
	31장 후계자와 하나님의 마지막 지시
3. 모세 최후의 행적	32장 모세의 노래
	33장 열두 지파를 축복하다.
	34장 모압의 느보산에서 모세가 죽다.

적용과 실천을 위하여

이스라엘은 이 신명기의 말씀을 책에 기록하여 왕이 평생 동안 읽도록 했으며(17:18~19), 요단강을 건넜을 때 큰 돌판에 새기도록 했고 그것을 에발산에 세우도록 했습니다(27:2~4). 그뿐 아니라 매 7년마다 안식년(면제년)의 초막절에 온 이스라엘 백성들에게 낭독하여 들리게 했습니다(31:10~11). 율법 자체가 생명은 아니지만 이스라엘 백성으로서의 생명력의 지속은 이 율법에 달려있는 것입니다. 그렇다면 이 명령을 오늘날 어떻게 해석하고 적용해야 하겠습니까? 우리는 율법이 아니라 복음으로 사는 백성들입니다. 그런데 복음은 바로 제3의 신명기라는 사실을 알아야 합니다. 왜냐하면 신명기의 모든 명령들이 그리스도로 인하여 성취되었기 때문입니다. 구약의 율법과 오늘날의 복음이 전혀 다른 것 같지만 결코 그렇지 않습니다. 육적이고 외형적인 것이 사라져버리니까 다르게 보이겠지만 사실은 율법 속에 이미 복음이 들어있었습니다. 그래서 예수님도 많은 가르침들 중에서 율법을 재해석하는 일을 자주

하셨던 것입니다.

그러면 우리는 복음을 어떻게 대해야 하겠습니까? 복음도 율법과 마찬가지로 자주 읽고 자주 들어야 합니다. 물론 똑같은 하나님의 말씀입니다만, 그리스도인들은 하나님의 말씀을 처음 받는 것처럼 생각해야 합니다. 그런 사람이 많은 은혜를 받습니다. 왜냐하면 이미 들어서 알고 있는 것이라고 생각한다면 하나님의 말씀은 거의 들리지 않을 것이기 때문입니다. 신명기의 말씀을 읽을 때에는 앞에서 여러 번 같은 말씀을 읽어서 알고 있을지라도 마치 처음 대하는 것처럼 읽는 자세가 필요합니다. 그렇지 않으면 오래 된 말씀을 우리에게 적용하기가 몹시 어려워질 것입니다.

01 가나안 앞에서의 불순종

신명기 1:1~46

본문 개론

가나안을 정복해야 할 새로운 세대를 앞에 놓고 그 앞 세대들의 실수와 허물과 죄를 반복하지 않도록 하기 위하여 지나간 과거의 허물과 실수를 적나라하게 설명하는 내용입니다. 먼저 가나안 정복은 하나님의 명령을 따라 시작된 것임을 이야기하고 나서 이를 실행하기 위한 재판 및 행정제도를 정비한 이야기, 가데스 바네아에서 이스라엘 백성들의 요청에 따라 열두 정탐꾼을 보냈지만 돌아온 사람들은 오히려 하나님의 명령에 불순종하고 거역했던 이야기, 그리고 하나님께서 방향을 돌려 홍해 길을 따라 광야로 들어가라고 하셨음에도 뒤늦게 순종한다고 하면서 하나님께서 함께하지 않으시는데도 오히려 산간지역을 공격했다가 크게 패배한 이야기를 들려주고 있습니다. 아버지 세대들의 실수와 반역을 고스란히 들려줌으로써 가나안 정복을 앞둔 백성들에게 강하게 경고하는 것입니다.

본문 구성

본문 적용

몇 가지 생각해 볼 것이 있는데 첫째는 출애굽의 주체에 관한 것입니다. 출애굽의 주체는 어디까지나 여호와 하나님이십니다. 그런데 이스라엘 백성들은 줄곧 '우리가' 무엇을 하는 데에 집중하고 있습니다. 우리가 정탐꾼을 보내고(22), 우리를 미워하시므로 멸하시려고(27), 우리가 어디로 가랴(28), 우리가 올라가서 싸우리이다(41) 하는 식입니다. 사람이 중심입니다. 그러나 모세의 기록은 항상 '우리 하나님 여호와', '너희의 하나님 여호와', '우리 조상의 하나님 여호와'를 주어로 이야기합니다. 출애굽 첫 세대가 가나안에 들어가지 못하는 이유가 분명해집니다.

두 번째는 정탐꾼을 파송하자는 주장을 한 사람들도 역시 백성들이라는 사실입니다. 같은 맥락의 이야기가 되겠습니다만, 하나님은 "가나안 땅을 백성들 앞에 두셨고 그대로 올라가서 차지하되 두려워 말라"(21)고 말씀하셨습니다. 그런데 백성들은 먼저 사람을 보내어 그 땅을 정탐하자고 주장했고, 정탐한 결과 온 백성들이 하나님께 불순종하기에 이르렀던 것입니다. 지혜가 필요할 때가 있지만 믿고 달려 나가야 할 때가 있는 것입니다.

세 번째로는 하나님의 책망을 들은 백성들이 뒤늦게 가나안을 치려고 할 때 하나님께서 함께하지 않겠다고 하셨는데도 불구하고 쳐들어갔다가 대패를 당한 사건을 보면서 우리 그리스도인들이 하나님 없이 무언가를 하는 것이 얼마나 헛된 일인가를 생각해야 하겠다는 것입니다.

❶ 열하루와 사십 년

핵심구절 : "호렙산에서 세일산을 지나 가데스 바네아까지 열하루 길이었더라 마흔째 해 열한째 달 그 달 첫째 날에 모세가 이스라엘 자손에게 여호와께서 그들을 위하여 자기에게 주신 명령을 다 알렸으니"(신 1:2~3)

이스라엘이 애굽에서 나와서 가나안 땅으로 들어가는 관문인 가데스 바네아까지 얼마나 걸릴까요? 본문에는 최남단인 호렙산(시내산)에서 세일산을 거쳐서 가데스 바네아까지 열하루 길이라고 했습니다. 아마도 백성들이 양떼들을 이끌고 가는 속도를 말하는 것인데, 그 정도 걸렸다면 그렇게 멀지 않은 거리라고 할 수 있습니다. 출애굽기에는 애굽을 떠나서 1개월 만에 신 광야에 도착하였고(출 16:1), 시내산까지 3개월이 걸렸다고 했습니다(출 19:1). 계속 진행하는 것이 아니라 멈추어서 여러 가지 정비를 하면서 가는 것이기 때문에 몇 배의 시간이 걸리는 것입니다. 아무튼 애굽에서 시내산까지의 거리나 시내산에서 세일산을 거쳐 가데스 바네아까지의 거리가 비슷할 것이고, 애굽에서 가데스 바네아까지의 거리도 비슷할 것입니다. (그 길은 아예 가지 못하게 하셨습니다.) 그런데 본문에는 열하루 길이라고 하고 나서 곧바로 출애굽 제40년 11월 1일에 백성들에게 마지막 말씀을 주신다고 언급하고 있습니다. 열하루면 가는 길을 40년 동안 갔다는 말씀입니다.

지금 흔히들 신약성도들도 광야생활을 하고 있는 것이라고들 말합니다. 이 세상 자체가 광야이고 나그네길이라는 것입니다. 맞는 말씀입니다. 이 세상은 마귀가 지배하는 영역이고 성도는 저 영원한 천국에 도달하기까지 천국의 원리대로 사는 사람들입니다. 마귀처럼 세상 욕심에 이끌려서 죄악의 원리를 따라 사는 사람들 사이에서 그들과는 전혀 다른 방식으로 살아가야 하는 사람들입니다. 온갖 부딪침과 방해와 난관과 장애와 거슬림과 따돌림을 이겨내고 살아야 하는 사람들입니다. 이스라엘이 그랬습니다. 백성들은 그것을 이겨내지 못했습니다. 열하루 길을 가는 데 40년이 걸렸으니까요. 지금 우리가 그렇지 않을까요? 가나안으로 가는 길을 택하지 않고 세상에 그대로 주저앉아버렸습니다. 어려움과 고난을 이겨내야 하는데 하나님께 불평하고 앉아있습니다. 눈앞에 닥친 생존의 어려움이나 목표를 인생의 전부라고 생각하고 있습니다. 그래서는 저 영원한 세계를 향하여 한 발자국도 움직이지 못합니다. 우리가 세상에서 만나는 모든 문제들은 새로운 것이 아니라 원래 있던 문제들일 뿐입니다. 언제 어떤 경우에라도 그것을 이겨내고 전진해야 합니다.

"무릇 하나님께로부터 난 자마다 세상을 이기느니라 세상을 이기는 승리는 이것이니 우리의 믿음이니라"(요일 5:4)

적용하기 : 세상을 이기지 못하게 만드는 요소가 사람마다 다릅니다. 당신은 현실적으로 어떤 문제가 가장 크게 가로막고 있습니까? 한 번만 그 난관을 이겨내면 언제나 승리할 수 있을 것입니다.

❷ 방향을 돌려야 할 때

핵심구절 : "우리 하나님 여호와께서 호렙산에서 우리에게 말씀하여 이르시기를 너희가 이 산에 거주한 지 오래니 방향을 돌려 행진하여 아모리 족속의 산지로 가고 그 근방 곳곳으로 가고 아라바와 산지와 평지와 네겝과 해변과 가나안 족속의 땅과 레바논과 큰 강 유브라데까지 가라 … 너희는 방향을 돌려 홍해 길을 따라 광야로 들어갈지니라 하시매"(신 1:6~7, 40)

본문에는 '방향을 돌려'라는 말씀이 두 번 등장합니다. 한 번은 남단의 호렙산에서 방향을 돌려 북쪽에 있는 가나안 땅으로 행진하라는 말씀이었고, 다른 한 번은 가데스 바네아에서 똑바로 가나안으로 진격하지 말고 방향을 돌려 다시 광야로 나가라는 말씀이었습니다. 하나님께서 명하시는 방향에 따라 너무나도 큰 차이가 발생하게 됩니다. 호렙산에서 방향을 돌리라는 말씀은 그곳에서 십계명을 비롯한 모든 율법과 제사제도에 필요한 모든 명령을 주시고 마침내 성막제작까지 완성한 이후에 이제는 준비가 다 되었으니까 가나안을 향하여 방향을 돌려 올라가서 그 땅을 점령하라는 명령이었습니다. 그 다음에 방향을 돌리라는 말씀은 가데스 바네아에서 정탐꾼들이 돌아와 비극적인 보고를 한 후 백성들이 불순종한 후에 하나님께서 다시 광야로 돌아가라는 명령이었습니다. 똑같은 하나님의 명령이었지만 방향은 완전히 반대쪽이었습니다. 한쪽은 소망과 비전과 축복과 승리가 보장된 방향이었지만 다른 방향은 낙심과 고난과 저주와 연단과 패배가 기다리는 방향이었습니다.

우리 그리스도인들도 지금 어느 방향으로 향하고 있는지를 잘 생각해야 합니다. 저 영원한 세상으로 나아가는 방향 외에는 전부 틀린 방향입니다. 다른 방향이 아니라 틀린 방향입니다. 틀린 방향은 세상으로 가는 길이고 욕심으로 가는 길이고 죄악으로 가는 길이고 마귀가 기뻐하는 길이고 지옥으로 가는 길입니다. 진행 속도는 다를 수 있어도 방향만은 정확해야 합니다. 교회가 세상에서 비판을 받는 이유가 무엇입니까? 방향이 틀렸기 때문입니다. 방향이 틀리면 아무리 큰일을 이루고 업적을 쌓고 성공하고 유명해져도 오히려 그것 때문에 멸망으로 가는 길이 빨라질 뿐입니다. 이 세상의 것들은 전부 썩어져 없어질 것들입니다. 영원토록 살아있는 것을 취하는 방향으로 돌아서기 바랍니다.

"좁은 문으로 들어가라 멸망으로 인도하는 문은 크고 그 길이 넓어 그리로 들어가는 자가 많고 생명으로 인도하는 문은 좁고 길이 협착하여 찾는 자가 적음이라"(마 7:13~14)

적용하기 : 당신은 정말로 가나안 땅으로 가는 길을 걷고 있습니까? 무엇으로 확신할 수 있습니까?

❸ 들어갈 자와 들어가지 못할 자

핵심구절 : "오직 여분네의 아들 갈렙은 온전히 여호와께 순종하였은즉 그는 그것을 볼 것이요 그가 밟은 땅을 내가 그와 그의 자손에게 주리라 하시고 여호와께서 너희 때문에 내게도 진노하사 이르시되 너도 그리로 들어가지 못하리라 네 앞에 서 있는 눈의 아들 여호수아는 그리로 들어갈 것이니 너는 그를 담대하게 하라 그가 이스라엘에게 그 땅을 기업으로 차지하게 하리라 또 너희가 사로잡히리라 하던 너희의 아이들과 당시에 선악을 분별하지 못하던 너희의 자녀들도 그리로 들어갈 것이라 내가 그 땅을 그들에게 주어 산업이 되게 하리라"(신 1:36~39)

상징적으로 말한다면 출애굽한 이스라엘 백성들 중에서 구원을 받은 사람은 갈렙과 여호수아뿐이었습니다. 물론 예외적으로 모세는 가나안 땅에는 못 들어갔지만 당연히 구원을 받았습니다. 그러니까 애굽을 나올 때 만 20세 이상인 사람들 가운데에서는 두 사람 외에는 모두 가나안으로 들어갈 수 없었고 당시 20세 미만인 사람들만 가나안에 들어갈 수 있었습니다. 다른 의미로 말하자면 60여 만 명의 장정들 가운데 단 두 사람만 구원을 받았다고 할 수 있는 것입니다. 아무리 그래도 처음 출발할 때에는 온 백성들이 여호와 하나님을 믿고 모세의 말에 순종하여 출발했었습니다. 모두가 애굽의 압제로부터 구원을 받았습니다. 그런데 끝에는 가나안으로의 마지막 구원을 완성하지 못했습니다. 그리고 이들은 광야에서 죽고 말았습니다. 이들의 무덤도 없고 시신도 찾을 수가 없습니다.

우리 그리스도인들은 구원의 기쁨과 감격에만 몰두해서는 안 됩니다. 한 번 구원 받았으니까 결코 취소되지 않고 천국에는 자동적으로 가게 된다고요? 물론 진정으로 예수님의 주인으로 영접한 사람들은 세상이 아니라 하나님을 따라가게 되고 자연스럽게 점점 자라나게 되어 결국 끝까지 견딜 수 있고 마지막 천국을 소유할 수 있게 될 것입니다. 구원은 이루어가는 것입니다. 처음부터 완벽한 구원이란 있을 수가 없습니다. 요한계시록에도 마지막 천국을 소유할 사람들은 모두가 끝까지 이기는 사람들이라고 했습니다. 구원은 완성해가는 것입니다. 출애굽할 때에는 전부 구원 받은 것 같았지만 결국 마지막 구원은 단 두 사람에게만 해당되는 것이었습니다. 우리는 각자가 스스로의 구원을 이루어가기 위해 말씀을 따라 순종하며 하나님을 마음과 목숨과 뜻과 힘을 다해 사랑하며 이웃을 사랑하기를 자기 자신을 사랑하는 것 같이 사랑해야 하는 사람들입니다.

"그러므로 나의 사랑하는 자들아 너희가 나 있을 때뿐 아니라 더욱 지금 나 없을 때에도 항상 복종하여 두렵고 떨림으로 너희 구원을 이루라" (빌 2:12)

적용하기 : 당신은 구원받은 사람의 특징을 가지고 있습니까? 삶 속에서 당신에게 모자라는 부분은 무엇이겠습니까?

하나님의 마음 :

하나님의 소원은 백성들과 함께 하는 것이지만 우리가 하나님과 함께 하지 못하고 있습니다. 당신은 어떻습니까?

오늘 받은 은혜 :

전체적으로 당신이 받은 은혜와 느낌을 기록해보십시오.

실천을 위한 도전 : (기도하여 성령님의 인도하심을 받으십시오.)

하나님과 동행하기 위하여 당신이 반드시 버려야 할 것 한 가지만 발견하여 버리기를 결단하기 바랍니다.

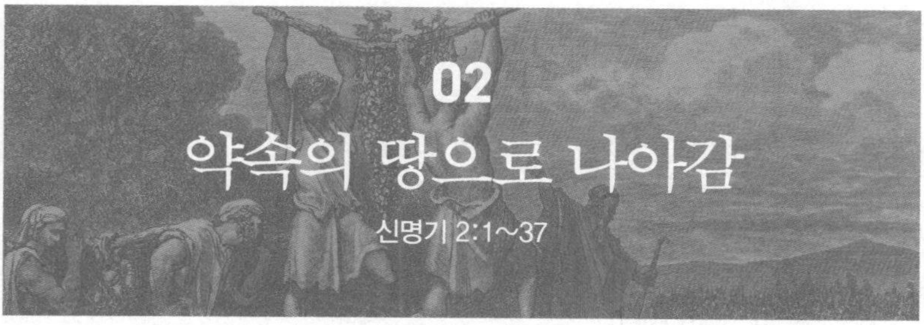

02 약속의 땅으로 나아감

신명기 2:1~37

본문 개론

1장과 2장 사이에는 38년이라는 간격이 존재합니다. 이제 이스라엘은 본격적으로 가나안 정복을 향해 나아가는 진정한 출발점에 서게 된 것입니다. 특별히 모세는 그렇게 가나안을 향하여 진군할 때 싸우거나 정복해서는 안 될 지역에 대해서 설명하는데 그것은 이삭의 쌍동이형 에서의 후예인 에돔 족속과 아브라함의 조카 롯이 소돔성 멸망 후 두 딸에게서 낳은 민족인 모압과 암몬 족속에 대해서 명령하고 있습니다. 그러나 가나안 입성의 교두보라고 할 수 있는 아모리 족속 헤스본의 왕 시혼은 결국 점령하게 될 것이라고 말씀하셨고 실제로 그 땅을 모두 점령하였습니다. 헤스본은 원래 조용히 지나가려고 했지만 그들이 먼저 전쟁을 걸어옴으로써 멸절당하게 되었던 것입니다. 이 사건으로 인하여 가나안의 모든 족속들이 두려움에 떨게 되었습니다. 이제는 지난날에 첫 세대들이 겪었던 것과 같은 고통과 좌절은 사라지고 가나안 정복이라는 하나님 언약의 성취만 남게 되었던 것입니다.

본문 구성

에돔과 싸우지 말라.	(1~8)
모압과 싸우지 말라.	(9~12)
세렛 시내를 건너다.	(13~16)
암몬과 싸우지 말라.	(17~23)
헤스본에 화친 제의	(24~30)
헤스본을 정복하다.	(31~37)

본문 적용

모압이 차지한 지역은 원래 크고 강한 에밈 사람이 거주하였으나 여호와께서 허락하심으로써 그들을 멸하고 그 땅을 차지했고(12), 암몬이 차지한 지역도 원래는 르바임의 땅이었으나 이 역시 하나님께서 멸하심으로써 그 땅을 차지하게 되었다고 했습니다(21). 더 나아가 에서의 후손인 에돔 족속을 위해서도 하나님은 호리 자손을 멸하시고 그 땅을 주셨다고 했습니다(22). 왜 이런 기록을 남긴 것일까요? 그것은 하나님의 주권을 명확하게 하시기 위한 것이었습니다. 자기보다 훨씬 강한 상대를 멸절시키고 그 땅을 차지하는 능력은 당사자가 아니라 하나님께 있는 것입니다. 택함 받은 족속이 아닌데도 아브라함과의 관계 때문에 그들에게 강한 자의 땅을 주셨는데 하나님의 택하신 백성들인 이스라엘에 가나안 땅을 주지 않으시겠느냐는 말씀입니다. 마지막 부분에서 하나님은 이스라엘이 모든 높은 성읍을 점령하지 못한 곳이 없도록 하셨다고 말씀하심으로써 이스라엘에 승리를 주실 것을 약속하셨습니다. 높은 성읍은 이전에는 두려움의 대상이었습니다.

❶ 주신 땅 외에는 다 돌려주라!

핵심구절 : "그들과 다투지 말라 그들의 땅은 한 발자국도 너희에게 주지 아니하리니 이는 내가 세일산을 에서에게 기업으로 주었음이라 … 여호와께서 내게 이르시되 모압을 괴롭히지 말라 그와 싸우지도 말라 그 땅을 내가 네게 기업으로 주지 아니하리니 이는 내가 롯 자손에게 아르를 기업으로 주었음이라 … 암몬 족속에게 가까이 이르거든 그들을 괴롭히지 말고 그들과 다투지도 말라 암몬 족속의 땅은 내가 네게 기업으로 주지 아니하리니 이는 내가 그것을 롯 자손에게 기업으로 주었음이라"(신 2:5, 9, 19)

세상의 영웅들은 세상을 정복할 때 더 넓은 땅, 더 큰 나라들을 굴복시키고 자기들의 땅으로 삼음으로써 더 많은 세상을 차지할수록 더 큰 영웅으로 칭송받습니다. 그들이 얼마나 많은 억울한 생명들을 죽였으며 수십 년, 수백 년 동안 이루고 쌓아왔던 문화와 생활환경을 여지없이 짓밟아버린 것은 생각하지 않습니다. 명분도 없고 실리도 없습니다. 그들은 정복 욕구에 휩싸여서 오로지 전쟁, 영토, 정복, 확장에만 매몰되어 단지 그들의 욕심을 채울 뿐이었습니다. 그런데 이런 일이 인간의 역사에만 등장하는 것이 아닙니다. 규모와 싸움의 종류와 방식과 목표가 다를 뿐이지 바로 지금 이 순간에도 기업과 상업과 정치 속에서 여전히 이런 정복전쟁은 지속되고 있습니다. 그런 전쟁의 틈바구니에서 죄 없이 죽어갔던 사람들처럼 그렇게 손해보고 실망하고 실패한 수많은 희생자들이 있는 것입니다.

그런데 하나님은 나라이든지 개인이든지 경계선을 설정해주셨다는 사실을 알아야 합니다. 하나님께서 이스라엘을 선택하여 하나님의 백성으로 삼으셨지만 그렇다고 세계를 정복하도록 하지는 않으셨습니다. 하나님은 어디까지나 이스라엘에게 가나안 땅을 허락하실 뿐이었습니다. 그것도 특별히 에돔과 모압과 암몬을 위하여 따로 경계를 정해주신 바가 있었습니다. 곧 이스라엘에게 기업으로 주지 않으신 땅들이 존재하는 것입니다. 우리 그리스도인들에게도 분명히 각자의 정도에 맞는 세상의 복을 주십니다. 그러나 더 큰 복을 얻기 위하여 거기에 더 몰두하기 시작하는 순간 우리는 하나님의 경계를 벗어난다는 사실을 알아야 합니다. 물론 더 큰 것을 주실 때도 많이 있습니다. 그러나 그럴 때에도 그 사람에게 정해주신 경계가 있습니다. 그리고 자신의 경계 이상으로 주신 것이 있다면 그것은 하나님의 필요를 따라 주시는 것이라는 사실도 알아야 합니다. 그래서 우리 그리스도인들은 주신 복 중에서 자기가 쓸 것 외에는 전부 이웃과 세상의 것으로 돌려야 하는 것입니다. 모든 복은 이웃과 세상을 위해 사용되어야 합니다.

"또 재산과 소유를 팔아 각 사람의 필요를 따라 나눠 주며 날마다 마음을 같이하여 성전에 모이기를 힘쓰고 집에서 떡을 떼며 기쁨과 순전한 마음으로 음식을 먹고"(행 2:45~46)

적용하기 : 당신의 경제개념은 어디에 속했습니까? 얼마나 이웃을 위해 사용하고 있는지를 점검해보시기 바랍니다.

❷ 당신을 존중하게 하라.

핵심구절 : "너희는 일어나 행진하여 아르논 골짜기를 건너라 내가 헤스본 왕 아모리 사람 시혼과 그의 땅을 네 손에 넘겼은즉 이제 더불어 싸워서 그 땅을 차지하라 오늘부터 내가 천하 만민이 너를 무서워하며 너를 두려워하게 하리니 그들이 네 명성을 듣고 떨며 너로 말미암아 근심하리라 하셨느니라" (신 2:24~25)

이스라엘은 지금까지는 변변한 것이라고는 없었지만 헤스본 땅을 차지하고서부터는 주변에 이름이 알려지기 시작하여 이스라엘에 대한 두려움을 느끼게 되었습니다. 이스라엘은 무시해도 될 만한 떠돌이 유목민으로 여겼는데 갑자기 헤스본을 무너뜨리고 다 진멸하고 나서는 이스라엘을 바라보는 시각이 전혀 달라지기 시작했습니다. 모압 왕 발람이 불안을 느끼고 이방인 선지자 발람에게 이스라엘을 저주하라고 사주하는 일이 일어납니다. 그만큼 여호와의 능력이 주변 나라들에 공포심을 불러일으켰던 것입니다. 물론 이 말씀은 헤스본 왕 시혼이 버티고 있는 아르논 골짜기를 건너기 전에 하나님께서 약속하신 말씀입니다만, 실제로 이스라엘은 헤스본을 완벽하게 점령했고 이스라엘을 심히 두려워하던 주변 나라들은 더더욱 이스라엘에 대해서 공포심을 느끼게 되었습니다.

이것을 신약교회에는 어떻게 적용해야 할까요? 물론 출애굽 백성들처럼 주변나라에 공포심을 끼쳐야 하는 것은 아닙니다. 흔히 그리스도인들은 힘이 없고 저항을 하지 않으며 나누어주고 섬기는 일에 집중하는 사람들처럼 생각되는 경우가 많을 것입니다. 초대교회에서 복음을 전하는 사람들도, 박해시대를 살아간 사람들도 세상에서 무시를 당하던 사람들이었습니다. 그러나 그들에게 위대한 힘이 있었습니다. 그렇게 박해를 받으면서도 그들은 주변 사람들로부터 존중과 존경을 받는 사람들이었습니다. 어떻게 그럴 수가 있습니까? 세상적인 힘이 아니라 사랑의 힘이 있었기 때문입니다. 세상을 정복함으로써, 돈을 많이 벌어서 세상의 존중을 받는 것이 아닙니다. 그렇게 존경을 받게 되면 그리스도는 사라져버리기 때문입니다. 그리스도인은 전혀 다른 사랑의 방법으로, 나눔과 섬김의 방식으로 세상을 이기고 세상의 존경과 존중을 받는 사람들입니다. 우리는 이웃에게 어머니와 아버지가 되어주고 누나와 형이 되어주어야 합니다. 그것이 참 지혜입니다.

> "아무도 자신을 속이지 말라 너희 중에 누구든지 이 세상에서 지혜 있는 줄로 생각하거든 어리석은 자가 되라 그리하여야 지혜로운 자가 되리라" (고전 3:18)

적용하기 : 당신이 주변에서 그리스도인으로서 존중을 받기 위해서 가장 필요한 것은 무엇이겠습니까?

하나님의 마음 :

하나님은 성도들이 자신에게 주신 은사를 말씀의 원리대로 사용하기를 원하십니다. 당신은 주신 은사, 재능, 능력, 소유를 어떻게 사용하고 있습니까? 존경받을 수 있을까요?

오늘 받은 은혜 :

전체적으로 당신이 받은 은혜와 느낌을 기록해보십시오.

실천을 위한 도전 : (기도하여 성령님의 인도하심을 받으십시오.)

당신에게 허락하신 복들 중에서 삶의 필요 이상으로 많이 소유한 것이 있습니까? 물질이든 재능이든 능력이든 그런 것이 있다면 한 가지를 택하여 존중받는 삶에 사용하기를 바랍니다.

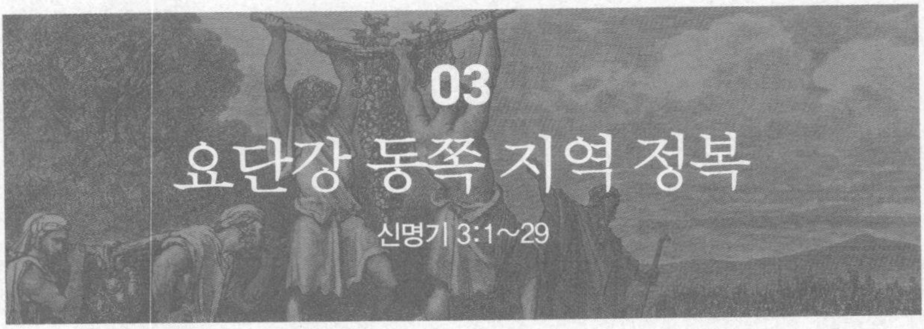

03
요단강 동쪽 지역 정복

신명기 3:1~29

본문 개론

앞장에서 이스라엘은 헤스본 왕 시혼을 점령하고 본장에서는 바산 왕 옥을 점령하게 되는데, 시혼은 아모리의 남왕국 왕이었고 옥은 아모리 북왕국의 왕이었습니다. 이스라엘 동부의 갈릴리에서부터 남쪽으로 흐르는 요단강 동편에 있던 거대한 두 세력을 물리친 것입니다. 당시 요단 동편에는 얍복강을 중심으로 북쪽에 바산, 얍복강 아래 중간지점에 헤스본과 암몬이 붙어있었고, 그 남쪽에 모압이 자리잡고 있었습니다. 그러니까 이스라엘은 암몬, 모압 땅 이외에는 모두 점령한 것이었습니다. 요단강 서쪽의 가나안 족속들이 이스라엘을 두려워한 까닭이었습니다. 이렇게 요단 동편의 땅을 차지한 이후에 목축이 성했던 르우벤 지파, 갓 지파, 므낫세의 반 지파에게 그 땅을 분배하였고, 그 대신 이 세 지파는 가족들은 요단 동편에서 양을 치되 남자들은 다른 지파와 똑같이 요단강을 건너가서 가나안 정복전쟁에 동참하도록 했습니다. 모세는 자기도 가나안에 들어갈 수 없겠느냐고 하나님께 간청하지만 하나님은 그만해도 족하다고 거절하시게 됩니다.

본문 구성

바산 왕 옥을 정복하다.	(1~11)
요단 동편 땅을 세 지파에 할당하다.	(12~17)
세 지파를 정복전쟁에 동참하게 하다.	(18~22)
모세의 간구와 하나님의 말씀	(23~29)

본문 적용

모세가 가나안 진격을 앞두고 하나님의 능력으로 승리를 거둔 지나간 이야기를 하는 것은 앞으로 진두지휘해야 할 여호수아에게 더욱 힘을 실어주기 위해서입니다. 이스라엘은 나아가야 할 지점에서 두려움에 곧잘 사로잡히곤 했었습니다. 약소민족이었기 때문에 당연한 반응이라고 할 수 있지만 그들은 하나님과 동행하면서도 번번이 그런 오류를 범했었습니다. 그래서 모세는 이런 여러 가지 간증을 말함으로써 여호수아를 격려하고자 했던 것입니다. 우리는 흔히 간증이라고 하면 어려움과 역경을 물리치고 하나님께서 주신 복을 이야기한다고 생각하지만 본장에서의 모세의 간증은 순수하게 오직 하나님께만 영광을 돌려드리는 것일 뿐만 아니라 이제 당장 진격해야 하는 백성들에게 하나님의 능력을 느끼고 깨닫도록 하기 위함이었습니다. 간증은 영적 싸움이 필요할 때 담대하게 만들어주는 도구가 될 수 있습니다. 큰 응답을 받은 간증을 듣고 더 큰 복을 받기 위한 동기부여가 아닙니다.

❶ 이스라엘의 선봉이 되라.

핵심구절 : "그 때에 내가 너희에게 명령하여 이르기를 너희의 하나님 여호와께서 이 땅을 너희에게 주어 기업이 되게 하셨은즉 너희의 군인들은 무장하고 너희의 형제 이스라엘 자손의 선봉이 되어 건너가되 너희에게 가축이 많은 줄 내가 아노니 너희의 처자와 가축은 내가 너희에게 준 성읍에 머무르게 하라" (신 3:18~19)

르우벤 지파와 갓 지파와 므낫세의 절반에 해당되는 사람들은 요단 동편 땅을 분배받게 되었습니다. 하나님은 요단강 서편의 가나안 땅을 이스라엘에게 주셨지만, 이들 두 지파 반은 요단 동편의 아모리 지역의 땅을 차지하고 그들을 진멸하였기 때문에 목초지가 더 좋은 그 땅에서 목축을 계속하고 싶어졌습니다. 그러나 그것은 형평성에 맞지 않을 뿐만 아니라 이스라엘 민족 공동체의 결속을 무너뜨리는 결과가 될 수 있습니다. 그래서 모세는 그것을 허락하면서도 가나안 땅 전체를 정복할 때까지 두 지파 반의 군사들이 함께 요단을 건너 가나안과 싸워야 한다는 조건을 제시했던 것입니다. 그들이 그 조건을 받아들임으로써 모세는 그들에게 선봉에 서서 싸울 것을 명하였습니다. 그렇게 할 수 있는 이유는 요단강 동편의 아모리인들을 전멸시킴으로써 남겨진 가족들을 공격할 나라들이 없다는 사실 때문이었습니다.

오늘날 신약교회 성도들은 마치 이 두 지파 반에 속한 군사들과 같습니다. 남겨진 가족들은 하나님께서 책임져주십니다. 요단 동편에는 아예 적들의 존재 자체가 없도록 하셨습니다. 물론 오늘날 우리의 영적 환경은 그렇지 못합니다. 그러나 하나님께 모든 것을 맡길 때 우리의 삶을 책임지신다는 뜻은 먹고 살고 생활할 수 있는 기본적인 조건은 전부 채워주신다는 뜻입니다. 먹고 입고 살 것에 대한 염려를 가지고 영적 싸움을 싸울 수는 없습니다. 물론 오늘날 가족과 영적 싸움 사이에 무슨 지리적인 거리가 존재하는 것은 아니지만 여전히 우리의 생활에 대한 염려가 존재할 수 있다는 사실을 생각한다면 하나님께 모든 것을 맡길 수 있다는 것은 우리가 영적 싸움의 선봉에 서야 할 필요하고도 충분한 조건이 될 수 있을 것입니다. 예수님도 우리에게 선봉에 설 것을 명하고 계십니다.

"그 후에 주께서 따로 칠십 인을 세우사 친히 가시려는 각 동네와 각 지역으로 둘씩 앞서 보내시며 이르시되 추수할 것은 많되 일꾼이 적으니 그러므로 추수하는 주인에게 청하여 추수할 일꾼들을 보내 주소서 하라" (눅 10:1~2)

적용하기 : 창조적인 신앙이란 선봉에 서는 것입니다. 그것은 먼저의 법칙입니다. 당신은 신앙생활을 하면서 얼마나 선봉에 서고 있습니까? 그리스도인은 먼저 섬기고 먼저 나누어야 합니다.

❷ 그만해도 족하니

핵심구절 : "여호와께서 너희 때문에 내게 진노하사 내 말을 듣지 아니하시고 내게 이르시기를 그만해도 족하니 이 일로 다시 내게 말하지 말라 너는 비스가 산 꼭대기에 올라가서 눈을 들어 동서남북을 바라고 네 눈으로 그 땅을 바라보라 너는 이 요단을 건너지 못할 것임이니라"(신 3:26~27)

하나님은 때때로 매정하게 느껴질 때가 있는 분이십니다. 모세는 앞에서는 말하지 않았던 내용을 이야기하는데 그것은 자신이 가나안에 들어갈 수 있도록 허락해달라는 기도를 드렸다는 내용입니다. 하나님은 오히려 진노하시고 단칼에 거부하시면서 이 일로 다시 기도하지 말라고 명하셨습니다. 그 때 주신 말씀이 "그만해도 족하다"는 말씀이었습니다. 그리고 그렇게 가고 싶으면 비스가산 꼭대기에 올라가서 가나안 땅을 멀리에서라도 내려다보라고 하십니다. 모세 자신은 못 들어가도 모든 백성들은 전부 그곳에 들어가서 싸울 것이고 정복할 것이라는 말씀이었던 것입니다. 그리고 그런 것을 아쉬워하지 말고 앞으로 그 땅을 정복해 나가야 할 여호수아를 격려하여 강하게 하고 담대하게 하라고 명하십니다. 여호수아 1장에서 반복적으로 강하고 담대하라는 말씀을 주신 하나님께서는 이미 모세에게도 그 일을 하라고 명하셨던 것입니다.

앞에서 성도의 욕심에 대해서도 언급한 바가 있지만 우리 그리스도인들이 무엇인가를 성취했다고 할 때 어디까지가 자신의 분량이고 어디부터가 하나님께서 예비하신 사람에게 주어지는 분량인지를 구분할 수 있어야 합니다. 우리가 무엇인가를 하나님의 인도하심으로 말미암아 이루어냈다면 그 다음 타자에게 잘 넘겨줄 줄 알아야 합니다. 물론 본인으로서는 몹시 아쉬울 수도 있고 또는 아까운 마음이 들 수도 있지만 '그만해도 족할 때'를 알아야 합니다. 일단 거기까지가 자신의 영역이고, 곧 하나님의 기업이고 그 다음부터는 우리에게 허락하신 기업이 아닙니다. 그것을 넘어가면 욕심이 되고 오히려 하나님께서 주셨던 복까지도 거두어 가실 수도 있게 됩니다. 아무리 큰 권능을 받아도 하나님께서 정해주신 경계가 존재한다는 사실을 안다면 모든 관계가 훼손되지는 않을 것입니다. 특히 사람과의 관계의 훼손이 하나님과의 관계의 훼손이라는 사실을 알아야 할 것입니다. 그래야 하나님을 제대로 의지할 수 있는 것입니다.

"나에게 이르시기를 내 은혜가 네게 족하도다 이는 내 능력이 약한 데서 온전하여짐이라 하신지라"(고후 12:9上)

적용하기 : 일이나 사람에 대해서 얼마나 욕심을 가지고 있습니까? 하나님의 은혜가 족한 줄을 모르고 더 앞으로 나아가려고 했던 적이 있었습니까?

하나님의 마음 :

하나님은 모든 성도들에게 충분한 복을 주시기를 원하십니다. 당신은 충분한 복을 얼마나 누리고 있습니까? 누리고 있지 못하다면 무엇 때문이라고 생각합니까?

오늘 받은 은혜 :

전체적으로 당신이 받은 은혜와 느낌을 기록해보십시오.

실천을 위한 도전 : (기도하여 성령님의 인도하심을 받으십시오.)

그리스도인의 앞에는 언제나 가나안 땅이 기다리고 있습니다. 물리적, 물량적 가나안이 아니라 영적인 가나안입니다. 당신에게 가나안(삶의 목표)은 무엇입니까? 한 가지만 정하여 보십시오.

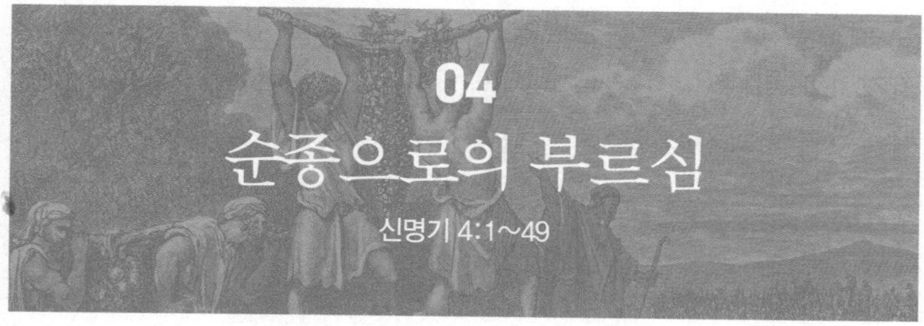

04
순종으로의 부르심

신명기 4:1~49

본문 개론

가나안 입성을 앞두고 하나님께서 주신 율법과 규례와 법도를 왜 지켜야 하는가에 대한 논증을 열심히 이야기하는 모습입니다. 무엇보다도 율법은 전능하신 하나님께서 역사상 한 번도 존재하지 않았던 방식으로 권위를 나타내시고 초자연적인 방법으로 주신 명령입니다. 그런 분을 섬기지 않고 우상을 숭배하는 것처럼 어리석은 일은 없을 것입니다. 이스라엘이 가나안에 들어갔을 때 가장 큰 유혹거리는 우상숭배의 풍습이었습니다. 모세는 더 이상 함께 가지 못합니다. 그러므로 율법을 주실 때의 기적적인 현상을 체험하지 못한 새 세대들에게 더욱 강조하여 하나님의 율법을 지킬 것을 명령하고 있는 것입니다.

본장의 주요 내용은, 율법은 오직 이스라엘에게만 주신 것으로 절대 준수해야 할 명령이며 가감해서는 안 된다고 가르치고, 율법이 주어지던 때의 상황을 설명함으로써 율법의 신적인 권위를 인식시켜 주며, 율법을 주신 하나님의 거룩성과 유일성을 제시하면서 다른 신을 섬기지 말 것과 그럼에도 우상숭배를 행했을 때의 엄청난 죄의 대가에 대해서 경고하고, 백성들로 하여금 오직 여호와만을 섬기도록 촉구하고 있습니다. 그리고 가나안 입성의 거의 최종적인 단계로 요단강 동편에 세 개의 성읍을 정하여 도피성으로 지정하게 됩니다. 이제는 하나님께서 주신 율법을 더욱 강조하고 인식시키는 과정이 남아있습니다.

본문 구성

율법을 철저하게 준수하라.	(1~8)
율법은 호렙산에서 주신 것이다.	(9~14)
우상을 만들거나 섬기지 말라.	(15~24)
우상숭배로 인하여 망하지 말라.	(25~31)
크신 은혜를 잊지 말고 명령을 지키라.	(32~40)
요단 동편에 도피성을 만들라.	(41~43)
신명기 저술의 때와 장소	(44~49)

본문 적용

하나님의 은혜가 분명함에도 불구하고 시간이 지나면서 그 사실이 희미해지거나 잊히게 마련입니다. 더구나 세대를 내려가게 되면 그런 기억마저도 더더욱 탈색되어 몇 세대만 가면 그런 사실이 있었는지조차도 기억하지 못하게 되기가 쉽습니다. 이스라엘 백성들은 그 크고 놀라운 기적들을 직접 체험했으면서도 번번이 하나님의 은혜를 망각하고 원망과 불평으로 일관한 사람들이었습니다. 그래서 그런 앞 세대들은 모두 광야서 죽었습니다. 모세로서는 다음 세대들에게 하나님의 말씀을 거듭 강조하여 전하면서도 심히 염려가 되었을 것입니다. 하나님은 그래서 더더욱 율법을 철저하게 지키는 방법 외에는 가나안 정복의 길이 없다고 하실 정도로 강하게 말씀하십니다. 우리도 그렇습니다. 인간의 부족함을 아시기 때문에 항상 율법을 마음에 새기고 자녀에게 부지런히 가르치고 항상 강론하고 손목에 매고 미간에 붙이고 항상 기억하도록 하신 것입니다. 우리도 그렇습니다. 안다고 해서 다 되는 것이 아니라 그 말씀대로 살아야 합니다. 우리도 날마다 말씀을 읽고 묵상함으로써 말씀이 스스로의 생각과 행동을 지배하도록 하며 그리스도의 그 크신 사랑과 은혜를 날마다 새겨야 하겠습니다.

❶ 가감하지 말라.

핵심구절 : "이스라엘아 이제 내가 너희에게 가르치는 규례와 법도를 듣고 준행하라 그리하면 너희가 살 것이요 너희 조상의 하나님 여호와께서 너희에게 주시는 땅에 들어가서 그것을 얻게 되리라 내가 너희에게 명령하는 말을 너희는 가감하지 말고 내가 너희에게 내리는 너희 하나님 여호와의 명령을 지키라"(신 4:1~2)

100과 99의 차이는 엄청납니다. 100이면 진짜이고 99면 가짜입니다. 1의 차이가 100의 차이로 바뀌는 것입니다. 99는 0과 동일합니다. 일이나 성취에 대한 말이 아니라 진리에 대한 말입니다. 이단이란 무엇입니까? 99까지는 똑같은데 1이 다른 것입니다. 다른 것이 아니라 1을 속이기 위해 99를 제시하는 것입니다. 하나님의 말씀이 그렇습니다. 어느 한 가지를 빼거나 더하면 더 이상 성경이 아닙니다. 이것은 하나님께서 죄를 다루시는 방법에서도 동일하게 작용합니다. 하나님은 작은 죄가 하나라도 있으면 전체를 죄로 보십니다. 제물 가운데 오물이 조금이라도 묻으면 전체가 오염된 것으로 보시고 폐기해버리라고 하십니다. 물론 그 반면에 사랑으로 넘치는 하나님이시기 때문에 그리스도 예수로 말미암아 그 모든 죄를 담당하게 하시고 우리를 구원해 주셨습니다.

이제 우리는 하나님의 말씀의 순수성을 초점으로 삼아야 합니다. 오염된 하나님의 말씀은 마귀의 속임수와 똑같아집니다. 그런데 마귀는 이 말씀을 변개하고 그리스도의 진리로부터 멀어지게 만들기 위해서 혈안이 되어 있습니다. 마귀의 목적은 하나님의 구원사역을 훼방하고 사람을 하나님께로부터 멀어지게 만들 뿐만 아니라 이미 구원받은 사람들에게서도 그 구원을 빼앗아버리는 데 있습니다. 그 가장 효과적인 수법이 말씀을 가감하여 그릇된 거짓 진리를 참 진리로 믿게 만드는 것입니다. 이미 마귀는 에덴동산에서 교묘하게 하나님의 말씀을 바꿈으로써 하와를 속이는 데 성공한 바가 있습니다. 말씀의 순수성을 목적에 맞게 부분 발췌하여 전체 진리처럼 믿게 만드는 것도 마귀가 하는 일입니다. 신학도 필요하고 현실적 해석도 필요하지만 말씀 속에 들어있는 하나님의 뜻, 예수님의 마음을 벗어나는 해석은 전부 마귀의 작품입니다. 신앙 지도자들의 성경 해석을 받아들이되 스스로 직접 성경말씀과 대조해보는 자세가 반드시 필요합니다.

> "내가 이 두루마리의 예언의 말씀을 듣는 모든 사람에게 증언하노니 만일 누구든지 이것들 외에 더하면 하나님이 이 두루마리에 기록된 재앙들을 그에게 더하실 것이요 만일 누구든지 이 두루마리의 예언의 말씀에서 제하여 버리면 하나님이 이 두루마리에 기록된 생명나무와 및 거룩한 성에 참여함을 제하여 버리시리라"(계 22:18~19)

적용하기 : 당신은 스스로 믿고 있는 신앙내용과 차이가 나는 말씀을 들었을 때 어떻게 대응하고 있습니까? 얼마나 성경말씀과 대조해보고 있습니까?

❷ 너희의 지혜요 지식이라.

핵심구절 : "내가 나의 하나님 여호와께서 명령하신 대로 규례와 법도를 너희에게 가르쳤나니 이는 너희가 들어가서 기업으로 차지할 땅에서 그대로 행하게 하려 함인즉 너희는 지켜 행하라 이것이 여러 민족 앞에서 너희의 지혜요 너희의 지식이라 그들이 이 모든 규례를 듣고 이르기를 이 큰 나라 사람은 과연 지혜와 지식이 있는 백성이로다 하리라"(신 4:5~6)

지식과 지혜 둘 중 하나가 빠지면 지식이든 지혜이든 온전한 것이 될 수가 없습니다. 마치 믿음과 행함이 같은 단어라는 사실을 생각하면 쉽게 이해될 것입니다. 온전한 믿음에는 이미 행함의 개념이 들어있으며 주님 안에서의 행함 속에는 이미 믿음이 전제되어 있어야 합니다. 진리 안에서는 결코 분리될 수가 없습니다. 마찬가지로 진리 속의 지식과 지혜는 서로가 함께 해야 온전해질 수 있습니다. 그런데 본문 말씀은 지혜와 지식이 바로 하나님의 규례와 법도라고 가르치고 있습니다. 어떤 지혜와 지식입니까? 가나안 여러 민족들 앞에서 지혜요 지식이라고 합니다. 그리고 이스라엘을 큰 나라라고 부르게 되고 백성들은 그 큰 나라의 사람으로서 지혜와 지식이 있는 백성이라 할 것이라고 말씀하십니다. 자기들의 공동체 안에서만이 아니라 타국 사람들, 곧 앞으로 진멸해야 할 나라의 백성들이 이스라엘을 그렇게 평가하며 두려워하게 된다는 것입니다.

오늘 우리 그리스도인들은 이스라엘과 같이 신앙의 공동체 안에서만 살아가는 사람들이 아닙니다. 우리는 우리 주변에서 함께 살아가고 있는 이웃들과 하나님을 모르는 세상 사람들의 사회 속에서 살아가는 사람들입니다. 그 속에서 우리는 이웃을 우리 자신을 사랑하는 것과 같이 사랑해야 하는 사람들입니다. 우리는 이웃들에게 그리스도의 사랑을 나누고 물질을 나누고 이웃의 어려움을 함께 하며 섬겨야 합니다. 무조건 좋기만 하고 무조건 즐거운 것만은 아닙니다. 나누고 섬기려면 그만큼 큰 고통을 감수해야 합니다. 단순히 나누는 것이 아니라 세상의 욕심과 싸워야 하기 때문입니다. 세상을 거슬러가야 하기 때문입니다. 그래서 이웃을 사랑하는 데에도 지혜와 지식이 필요합니다. 지혜와 지식의 기본원리는 성경말씀입니다. 쉽고 재미있어도 말씀과 어긋나면 그 길을 가서는 안 되고, 어려워도 말씀과 일치되면 그 길을 가야 합니다. 그것이 우리에게 주시는 지혜와 지식입니다. 그래서 세상으로부터 지혜와 지식이 있는 사람들이라는 평가를 받아야 하는 것입니다.

"깊도다 하나님의 지혜와 지식의 풍성함이여, 그의 판단은 헤아리지 못할 것이며 그의 길은 찾지 못할 것이로다"(롬 11:33)

적용하기 : 그리스도인다운 삶을 살려고 하면 말씀에서 비롯되는 지혜와 지식이 있어야 합니다. 당신은 세상을 살면서 얼마나 말씀에서 지혜와 지식을 구하고 있습니까?

❸ 다른 신은 없다.

핵심구절 : "어떤 신이 와서 시험과 이적과 기사와 전쟁과 강한 손과 편 팔과 크게 두려운 일로 한 민족을 다른 민족에게서 인도하여 낸 일이 있느냐 이는 다 너희의 하나님 여호와께서 애굽에서 너희를 위하여 너희의 목전에서 행하신 일이라 이것을 네게 나타내심은 여호와는 하나님이시요 그 외에는 다른 신이 없음을 네게 알게 하려 하심이니라"(신 4:34~35)

기독교라는 종교의 가장 큰 특징은 그 섬기는 신이 유일한 창조주 하나님, 곧 참되고 유일하신 신이라는 것입니다. 만약에 유일신의 신앙이 결여되어 있어서 다른 종교에도 구원이 가능하다고 생각하거나 세상에 천국을 만들어가는 과정이 구원이라고 한다면 그 사람은 여호와 하나님과 아무 관계없는 사람일 것입니다. 또는 우리가 섬기는 하나님이 여러 종교의 신들 중에서 가장 강하고 힘 있는 신이라고 하여 다른 신을 인정한다면 그 사람은 그리스도인인 것처럼 보일지라도 결코 참된 그리스도인이 될 수가 없습니다. 신학이 아무리 발전하고 다양한 모습의 신학을 각자가 주장한다고 하더라도 여호와 하나님께서 오히려 신들을 만드신 창조자라는 사실을 부인하는 순간 그 사람은 하나님과 아무런 관계가 없는 사람임이 틀림없습니다. 우리가 소위 자유주의 신학이라고 부르는 주장에는 이 유일신 여호와 하나님을 믿는 믿음이 현저하게 결여되어 있습니다. 다른 것은 다 양보하더라도 이것만큼은 양보할 수가 없습니다. 물론 양보한다고 하더라고 이 진리가 훼손되는 것은 아닙니다.

신학이나 사상만이 아니라 오늘날 이 유일신 신앙을 버리는 성도들이 너무나도 많습니다. 유일신 하나님은 우리가 그대로 믿기만 하면 당연히 구원하여 주실 뿐만 아니라 우리의 인생을 책임져 주십니다. 우리는 힘이 없고 연약하지만 하나님께서 함께해주시기만 하면 모든 것을 하나님의 뜻대로 다 이루어주십니다. 기독교 신앙은 우리 자신이 무엇인가를 이루려는 것이 아니라 하나님께서 개입하여 주셔서 하나님께서 일하시도록 우리를 맡기는 것입니다. 왜냐하면 우리가 아무리 힘쓰고 애를 써도 결국 이루어주시는 분은 하나님이시기 때문입니다. 그래서 우리 힘으로 무엇을 이루었을 때 자칫하면 오히려 하나님으로부터 더 멀어지게 될 염려마저도 있는 것입니다. 결국 우리의 기도이든 나눔이든 예배이든 하나님께서 함께하시도록 하기 위한 노력일 뿐입니다. 그것이 유일하신 참된 신, 여호와 하나님을 하나님으로 믿는 비결인 것입니다. 우리는 창조주이신 하나님께 하나님 대접을 해드려야 합니다. 그것은 나를 비우고 주님께서 주관하시도록 하는 것입니다. 오직 하나님만을 의지하고 온전하게 맡겨드리기를 원합니다.

"다른 이로써는 구원을 받을 수 없나니 천하 사람 중에 구원을 받을 만한 다른 이름을 우리에게 주신 일이 없음이라 하였더라"(행 4:12)

적용하기 : 온 천지를 만드시고 지금도 살아계셔서 모든 믿는 사람들을 이끄시는 하나님을 인정하지 못하고 당신의 뜻대로 살아가는 부분이 있습니까? 어떤 부분을 맡기지 못하고 있습니까?

하나님의 마음 :

하나님은 하나님의 백성들이 힘들게 사는 것을 결코 원하지 않으십니다. 그래서 말씀을 지키라고 하십니다. 당신은 말씀 중에서 어떤 부분을 지키기가 어렵습니까?

오늘 받은 은혜 :

전체적으로 당신이 받은 은혜와 느낌을 기록해보십시오.

실천을 위한 도전 : (기도하여 성령님의 인도하심을 받으십시오.)

당신의 실제 삶을 돌아볼 때 유일하신 하나님을 대체할 수 있는 우상의 요소가 있습니까? 하나님보다 더 우선적으로 선택하는 것이 바로 그것입니다. 한 가지만 발견하여 고치시기 바랍니다.

05
새 세대와 맺은 시내산 언약

신명기 5:1~33

본문 개론

모세는 이전 세대가 광야에서 다 죽은 후에 새로운 세대에게 호렙산(시내산)에서의 상황을 이야기하면서 십계명을 다시 명하고 있습니다. 이 언약은 이제 이전 세대들과의 언약이 아니라 가나안을 정복해야 할 지금 세대와 또 그 다음 세대들을 위한 언약입니다. 시내산 언약의 핵심은 물론 십계명입니다. 이 십계명이 하나님의 말씀인 것은 돌판에 새겨주셨고 언약궤 안에 보호하신 것으로 증명이 됩니다. 십계명의 내용을 출애굽기 20장의 원래 주신 내용과 비교해보면 다소간의 차이가 있는 것을 발견하게 됩니다. 그것은 새로운 세대에 맞게 보완했기 때문입니다.

제4계명 안식일 계명에서는 "네 남종이나 네 여종에게 너 같이 안식하게 할지니라"라고 보충하였고 또 "네 하나님 여호와가 강한 손과 편 팔로 거기서 너를 인도하여 내었나니"라는 부분이 추가되어 있습니다. 실천적인 지시와 관계를 강화한 내용입니다. 5계명에서는 부모를 공경하면 생명이 길 뿐만 아니라 "복을 누리리라."고 강하게 약속하십니다. 마지막 10계명에서는 "네 이웃의 아내를 탐내지 말지니라."고 구분하여 분명하게 다시 해석해주십니다. 이것을 다른 한 계명으로 분리하고 대신 제2계명 우상숭배금지 부분을 삭제한 것이 가톨릭의 십계명입니다만, 이것은 명백한 오류입니다. 본장의 마지막은 백성들이 모세를 중보자로 요청했고 하나님이 허락하셨다는 내용입니다.

본문 구성

호렙산 언약의 의미	(1~6)
하나님께 관한 계명	(7~15)
사람에 관한 계명	(16~22)
중보자를 세우소서.	(23~27)
모세를 중보자로 세우시다.	(28~33)

본문 적용

첫 세대들에게 주신 십계명을 다음 세대에게 다시 전달할 때에는 그 세대에 맞게 보완해서 제시하는 장면이 뚜렷하게 보입니다. 물론 전체적인 의미는 전혀 달라지지 않았지만 본질은 전혀 훼손되지 않으면서 하나님의 마음과 뜻을 더욱 명확하게 들려줄 수 있다는 사실이 본장에서 증명이 됩니다. 신앙에 있어서 세대 간의 차이는 오늘날 아주 심각할 정도입니다. 복음을 그들의 언어로 재해석해서 들려주어야 할까요? 물론 어느 정도까지는 그런 작업이 필요합니다. 그런데 실무적으로 그것이 어디까지 가능하겠습니까? 새로운 세대들이 기존의 복음적 신앙을 고스란히 가지고 있다면 그들의 노력으로 가능해질 것입니다. 그러나 아무리 세대가 변하고 바뀌어도 기본적인 복음은 그 복음의 언어로 전달될 수밖에 없습니다. 2,000년 전의 언어로 기록된 성경은 오늘날도 거의 그대로 전달되고 있지 않습니까? 비록 보완이 필요하고 재해석이 필요한 부분이 있습니다만, 모세가 다음 세대에게 십계명을 전할 때 조금 보충한 것처럼 하나님의 뜻이 왜곡되지 않는 범위 안에서만 보완이 가능할 것입니다.

❶ 오늘 여기 우리와 세우신 언약

핵심구절 : "우리 하나님 여호와께서 호렙산에서 우리와 언약을 세우셨나니 이 언약은 여호와께서 우리 조상들과 세우신 것이 아니요 오늘 여기 살아 있는 우리 곧 우리와 세우신 것이라"(신 5:2~3)

복음은 기록된 당시의 사람들에게 주신 말씀이지만 동시에 우리들에게도 똑같이 주신 말씀입니다. 복음의 현재성이 사라진다면 그 복음은 더 이상 살아있는 복음이 될 수 없습니다. 복음이 항상 우리 내면에서 살아있게 하려면 그 복음을 당시와 똑같이 나에게 주시는 말씀으로 받아야 합니다. 성경을 읽을 때 내가 듣고 싶고 받아들이고 싶은 말씀과만 교류하게 된다면 비뚤어진 복음을 소유하게 될 가능성이 커질 것입니다. 불편한 것은 걸러내고, 실제적인 삶에 도움이 되지 못할 것은 건너뛰고, 지나치게 경직된 것 같은 것에는 눈을 감아버리고, 자기 죄를 찌르는 것 같은 것은 막아버린다면 그것은 말씀을 읽는 것이 아닙니다. 나에게 주신 말씀이 아니라 다른 사람들에게 주시는 구경거리 복음일 뿐입니다.

오늘날 성경말씀에서 반드시 지켜야 할 부분들이 너무나도 간과되고 있습니다. 지나치게 이상적이라고 지적당하거나 현실과 동떨어진 말씀이라고 취급당합니다. 물론 성경말씀을 완벽하게 실천할 수 있는 사람은 없습니다. 완전함을 요구하는 것이 아니라 분명한 방향과 목표지점을 의식하고 있어야 한다는 말입니다. 주님께서 제시하신 방향으로 진행하고 있다면 아무 문제가 없습니다. 나약하고 불완전한 인간이 완전하신 하나님을 따르는데 쉽고 가볍게 갈 수 있겠습니까? 하지만 어려워도 힘들어도 그 길을 가려고 애쓰고 힘쓰는 것이 그리스도인들입니다. 그 길을 가려고 해야 주님께서 함께하십니다. 가나안 길을 포기한다면 하나님께서 어떻게 함께하시겠습니까? 성경은 항상 나에게 새롭게 주시는 말씀으로 읽어야 합니다. 가감 없이 나에게 주시는 말씀으로 받을 수 있어야 합니다.

"이르시되 하나님 나라의 비밀을 아는 것이 너희에게는 허락되었으나 다른 사람에게는 비유로 하나니 이는 그들로 보아도 보지 못하고 들어도 깨닫지 못하게 하려 함이라"(눅 8:10)

적용하기 : 성경을 읽거나 묵상할 때 얼마나 당신 자신에게 주시는 말씀으로 받아들이고 있습니까? 당신에게 주신 말씀으로 받아들이지 못한다면 그 이유는 무엇이겠습니까?

❷ 그 말이 다 옳도다.

핵심구절 : "여호와께서 너희가 내게 말할 때에 너희가 말하는 소리를 들으신지라 여호와께서 내게 이르시되 이 백성이 네게 말하는 그 말소리를 내가

들은즉 그 말이 다 옳도다 다만 그들이 항상 이 같은 마음을 품어 나를 경외하며 내 모든 명령을 지켜서 그들과 그 자손이 영원히 복 받기를 원하노라" (신 5:28~29)

모세는 출애굽기 20:18~21까지의 기록을 다시 상세하게 설명하는데, 놀라운 하나님의 말씀이 등장합니다. "그 말이 다 옳도다."라는 말씀이었는데, 그것은 하나님께서 우레와 번개와 나팔 소리와 산의 연기 가운데 모세에게 말씀하셨을 때 백성들이 두려워 떨며 죽을 것과 같았고 모세에게 하나님의 음성을 듣고 자기들에게 전해달라고 요청했을 때 주신 하나님의 말씀이었습니다. 기본적으로 사람은 하나님 앞에 옳은 존재가 아니지만, 이 말씀은 모세에게 백성들의 중보자의 역할을 수락하신다는 의미입니다. 그것은 백성들의 환경에 대해서 하나님께서 충분히 고려하시겠다는 의미이기도 합니다. 그 결과 모세에게는 하나님의 신적 권위가 부여되었고 하나님과 백성들 사이의 공식적인 중보자가 되었던 것입니다. 물론 참된 중보자는 예수 그리스도 한 분뿐입니다만, 기능적으로 모세가 그런 역할을 감당하게 하셨다는 말입니다.

하나님은 우리의 사정을 충분히 인정하시는 분이십니다. 백성들의 요구를 옳다고 하시면서 모세에게 중보자의 기능을 부여하심으로써 백성들은 모세의 말을 하나님의 말씀으로 받게 하시는데 그 목적은 하나님을 경외하며 모든 계명을 지켜서 그 자손들이 영원히 복을 받는 것입니다. 만약에 하나님께서 인생들을 긍휼히 여기지 않으신다면 "너희 말이 다 옳도다"라는 선포는 있을 수가 없습니다. 이 선포로 말미암아 하나님과 백성들은 인격적으로 교제할 수 있다는 증거가 된 것이고 하나님을 두려운 분으로만 생각하는 것이 아니라 우리의 사정을 아뢸 수 있는 사랑의 하나님으로 또한 의식할 수 있게 되는 것입니다. 오늘날 그것은 두말할 필요도 없이 우리 주 예수 그리스도로 인하여 완전하게 성취되었습니다. 우리는 그리스도로 말미암아 하나님께 마음껏 나아갈 수 있게 되었습니다. 혼자 속으로 두려워하거나 경직되지 말고 예수님 앞에 나아가서 모든 것을 다 쏟아놓을 수 있어야 하겠습니다.

> "우리에게 있는 대제사장은 우리의 연약함을 동정하지 못하실 이가 아니요 모든 일에 우리와 똑같이 시험을 받으신 이로되 죄는 없으시니라 그러므로 우리는 긍휼하심을 받고 때를 따라 돕는 은혜를 얻기 위하여 은혜의 보좌 앞에 담대히 나아갈 것이니라"(히 4:15~16)

적용하기 : 하나님은 우리가 하나님 앞으로 나아오기를 기다리고 계십니다. 당신은 하나님과 얼마나 열린 관계를 유지하고 있습니까? 무엇이 관계를 가로막고 있습니까?

하나님의 마음 :

하나님은 율법적으로 우리는 판단하지 않으십니다. 하나님의 마음을 이해하고 그 마음속으로 들어오기를 기다리십니다. 당신은 얼마나 마음으로 하나님을 믿고 있습니까?

오늘 받은 은혜 :

전체적으로 당신이 받은 은혜와 느낌을 기록해보십시오.

실천을 위한 도전 : (기도하여 성령님의 인도하심을 받으십시오.)

당신에게 새롭게 주시는 십계명 중에서 가장 잘 하는 부분과 가장 부족한 부분을 이야기하고 부족한 부분 중에서 한 가지 실천사항을 정리하여 실행해보기 바랍니다.

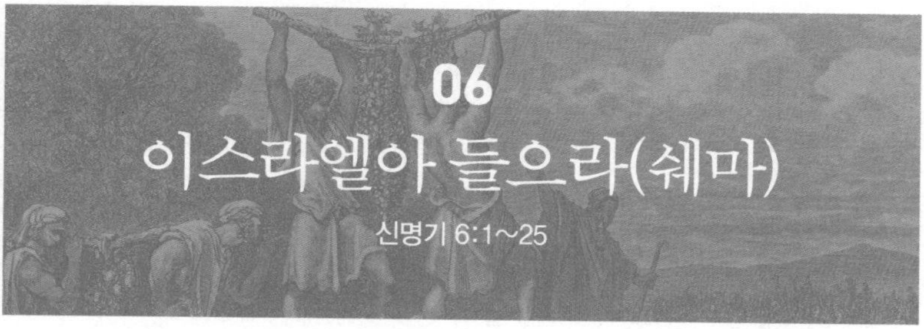

06
이스라엘아 들으라(쉐마)

신명기 6:1~25

본문 개론

십계명에 이어서 율법의 세부적인 내용들이 본장에서부터 26장까지 펼쳐집니다. 본장에서는 율법을 주신 목적과 주어질 복에 관해 안내하고 나서 소위 쉐마 본문을 제시합니다. 쉐마는 첫 구절인 '들으라'로 시작되는 4~9절을 뜻하는데, 이것을 아침저녁으로 암송하는 의식을 세웠으며, 예수님도 이 부분이 가장 큰 율법이라고 대답하셨으며(막 12:29) 이 쉐마로 인하여 유대인들은 숱한 고난 속에서도 그들의 신앙을 유지할 수 있었습니다. 쉐마는 다시 신명기 11:13~21에서 반복되며, 출애굽기 13:9, 16, 민수기 15:37~41에서도 이미 말씀하신 바가 있습니다. 8절과 9절의 명령은 상징적으로 몸과 마음과 집안에서 항상 말씀을 새기라는 뜻으로 받아들일 수도 있지만 이스라엘은 실제로 쉐마를 손목에 매고 미간에 붙이며 문설주에 부착했었습니다. 다만 단지 외식적인 요소가 있다면 그것은 배격해야 할 것입니다. 계속하여 가나안 정착 후에 율법을 철저하게 지킬 것을 명령하시고 맛사의 시험과 같이 불순종으로 인한 징계를 경고하였으며, 마지막에는 역시 후손들에게 어떻게 가르치고 지키게 할 것인가에 대한 명령으로 본장을 마무리합니다.

본문 구성

율법을 지키는 것이 복의 근원	(1~3)
쉐마(들으라!) 본문의 내용	(4~9)
하나님의 권면과 경고	(10~19)
후손들에게 전수되어야 할 말씀	(20~25)

본문 적용

모든 명령을 통틀어서 가나안을 정복할 때 받을 복과 그것을 어떻게 누릴 것인가에 대한 명령이 10~19절 말씀입니다. 첫째로 한시도 하나님을 잊지 말라는 것이고, 둘째로 하나님을 구체적인 생활로 섬겨야 한다는 것이며, 셋째로 결코 우상을 만들거나 섬기지 말라는 것이고, 넷째로 여호와를 시험하지 말라는 것이며, 마지막으로 하나님의 지시를 철저하게 지키라는 명령입니다. 이런 명령은 십계명에 다 포함되어 있고 쉐마의 명령도 이것을 자손 대대로 의식 속에 뿌리박히게 하라는 것입니다. 문자적으로는 아니지만 현대 그리스도인들에게도 이것은 틀림없이 자손 대대로 지켜져야 할 하나님의 사랑의 명령입니다. 우리는 그리스도 예수님을 항상 의식하고 있어야 하고, 이웃과의 실제 삶에서 그리스도의 사랑을 드러내야 하며, 하나님 이외에 다른 어떤 요소에도 의지하면 주님과는 멀어질 수밖에 없고, 기도로든 예식으로든 하나님을 시험해서는 안 되며, 주신 말씀의 절대성을 받아들이고 오직 말씀만을 기준으로 생활해야 함을 가르치고 있는 것입니다.

❶ 신앙의 유산이 있는가?

핵심구절 : "곧 너와 네 아들과 네 손자들이 평생에 네 하나님 여호와를 경외하며 내가 너희에게 명한 그 모든 규례와 명령을 지키게 하기 위한 것이며 또 네 날을 장구하게 하기 위한 것이라"(신 6:2)

오늘날에는 신앙의 유산이 많이 사라진 시대입니다. 아버지의 신앙이 아들에게로, 아들의 신앙이 손자에게로 유전되는 신앙전통이 없다시피 되어버렸습니다. 그 이유가 무엇일까요? 기독교 신앙이 지나치게 교회중심적으로 된 것이 그 원인일 수 있습니다. 즉 자녀들의 신앙을 오로지 교회에만 맡겨두기 때문이라는 말입니다. 물론 교회학교나 학생부 등을 통하여 전체적인 신앙의 틀을 만들어주어야 하는 것은 반드시 필요한 요구사항입니다. 그렇다고 각 가정마다 고유의 신앙이 꼭 있어야 하는 것도 아닙니다. 다만 교회중심적인 신앙생활이 일반화되다 보니까 가정과 사회에서의 그리스도인의 역할과 기능을 가르치지 못하고 있는 것입니다.

우리가 잘 알다시피 유대인들은 가정에서의 신앙교육에 아주 철저한 민족이었습니다. 날마다 말씀을 마음에 새기고 부지런히 가르치고 언제든지 강론하는 것이 유대인의 말씀훈련 방식이었습니다. 오늘날 그렇게 할 수 있는 가정은 거의 없습니다. 더구나 부모의 신앙이 거기에까지 도달하지 못하고 있다면 그런 강한 훈련을 행할 수도 없습니다. 다음세대를 준비하자는 활동을 하는 분들이 늘어나고 있습니다. 다음세대를 무엇으로 준비해야 할까요? 오늘 말씀대로 자녀들과 손주들에게 하나님의 사랑과 그리스도의 은혜를 말씀을 통하여 늘 가르쳐야 합니다. 가정에서부터 신앙훈련이 진행되지 않으면 교회학교에서 아무리 힘을 써도 신앙이 충분히 전수될 수 없을 것입니다. 훈련이 잘 되는 것이 오히려 예외적인 것처럼 비쳐지는 것이 아니라 대다수의 자녀들이 잘 훈련되는 것이 일반적인 것이 되도록 해야 합니다. 그렇게 되려면 가정에서의 신앙훈련에 중점을 두어야 할 것입니다. 그리스도인의 신앙생활의 중요한 한 축을 가정에서의 신앙훈련이 되도록 해야 합니다. 어쩌면 그것을 가장 중점적으로 해야 할 것입니다. 아이들이 어리다면 그래서 더 중요하게 훈련해야 하는 것입니다.

"사람들이 예수께서 만져 주심을 바라고 어린아이들을 데리고 오매 제자들이 꾸짖거늘 예수께서 보시고 노하시어 이르시되 어린아이들이 내게 오는 것을 용납하고 금하지 말라 하나님의 나라가 이런 자의 것이니라" (막 10:13~14)

적용하기 : 당신은 자녀들의 신앙을 어떻게 감당하고 있습니까? 교회학교에만 맡겨 두지는 않습니까? 당신의 가정에서 할 수 있는 자녀신앙훈련의 대책을 만들어보십시오.

❷ 신앙의식을 뿌리내리게 하라.

핵심구절 : "오늘 내가 네게 명하는 이 말씀을 너는 마음에 새기고 네 자녀에게 부지런히 가르치며 집에 앉았을 때에든지 길을 갈 때에든지 누워 있을 때에든지 일어날 때에든지 이 말씀을 강론할 것이며 너는 또 그것을 네 손목에 매어 기호를 삼으며 네 미간에 붙여 표로 삼고 또 네 집 문설주와 바깥 문에 기록할

지니라"(신 6:6~9)

이스라엘은 지금도 이 쉐마의 말씀을 새겨놓은 양피지를 접거나 말아서 작은 상자 안에 넣고 이것을 문 앞에 붙이고 있습니다. 그것을 메주자(mezuza)라고 합니다. 요즘에는 관광 상품이 되어버렸습니다만, 유대인들은 이것에 대해 특별한 축도를 외운 후에 문설주에 단단하게 고정해놓고 있으며, 일부 사람들은 메주자 앞을 지날 때 거기에 입을 맞추기도 하고 메주자를 부착한 사슬을 목에 걸고 다니기도 합니다. 살아계신 하나님의 말씀이 아니라 우상처럼 되어버렸습니다. 하나님께서 쉐마의 말씀 자체에 능력을 주신 것은 아닙니다. 단지 율법을 암송하고 가르치고 항상 그것을 생각하라는 명령입니다. 그런데 이런 훈련방식은 굉장히 중요한데 그것이 이스라엘을 이스라엘로 만들었기 때문입니다. 물론 이것을 거의 행위적으로 해석하여 외식에 그쳐버린 감이 있는 것은 분명하지만 이 훈련방식만은 오늘날에도 여전히 유효하며 오히려 가장 탁월한 제자를 만들어내는 효과적인 훈련방식인 것입니다.

유대인들이 이처럼 율법을 항상 암송하고 가르치고 날마다 말씀을 새기게 하시는 이유는 여호와의 율법이 유대인들의 생각과 의식과 언어와 행동과 삶을 완전히 사로잡을 수 있게 하시려는 것입니다. 이것은 마치 율법이 유대인들의 유전자 속에 깊이 새겨지게 하시는 것과 같으며 그들의 본능 속에 깊이 잠재되어 있어서 모든 행동을 율법이 이끌도록 하기 위함인 것입니다. 한 마디로 의식을 율법으로 만들기 위함입니다. 인간의 행동과 삶은 내면의 무의식이 지배합니다. 무의식은 잘 느낄 수 없지만 율법이 그 무의식을 지배하게 만든다면 스스로의 머릿속에서 의식으로 자리 잡게 될 것입니다. 유대인들은 선민사상, 민족의식으로 무장한 민족입니다. 물론 이것은 기계적으로 이룰 수 있는 것은 아닙니다. 하지만 일반적인 가르침이나 강의로는 결코 만들어질 수가 없습니다. 제자훈련에도 이런 훈련방식을 시도해야 합니다. 무수한 제자훈련으로도 성도를 변화시킬 수는 없지 않습니까? 예수님사랑, 이웃사랑의 참된 그리스도인 의식으로 바뀌어야 합니다. 그래야 예수님의 제자로서 세상에서 승리하게 될 것입니다.

"그런즉 너희가 먹든지 마시든지 무엇을 하든지 다 하나님의 영광을 위하여 하라"(고전 10:31)

적용하기 : 당신은 제자훈련을 얼마나 받았습니까? 각종 훈련이 성도를 변화, 성장시키지 못하고 제자로 만들지 못하는 이유는 무엇이겠습니까?

❸ 우리의 의로움

핵심구절 : "여호와께서 우리에게 이 모든 규례를 지키라 명령하셨으니 이는 우리가 우리 하나님 여호와를 경외하여 항상 복을 누리게 하기 위하심이며 또 여호와께서 우리를 오늘과 같이 살게 하려 하심이라 우리가 그 명령하신 대로 이 모든 명령을 우리 하나님 여호와 앞에서 삼가 지키면 그것이 곧 우리의 의로움이니라 할지니라"(신 6:24~25)

제사로써 의로워진다고 하지 않으셨습니다. 물론 제사를 통하여 각종 죄악들을 일시적으로 씻을 수 있습니다만, 그 행위를 의로움이라고 하지는 않습니다. 본문 말씀에서 여호와의 모든 명령을 지키면 그것을 의로움이라고 말씀하셨습니다. 하나님을 마음과 뜻과 힘을 다해 사랑하는 심령 깊은 곳에서 우러나는 그 사랑으로 규례들을 지킬 때 그것을 의로움이라고 하신다는 것입니다. 물론 사람이 하나님의 모든 율법을 완전하게 지킬 수 있는 것은 아닙니다. 그것으로만 본다면 이 세상에서 의로운 사람은 한 사람도 없습니다. 그런데도 하나님은 가나안을 점령하면서, 또 점령하여 평안한 삶을 살 때 모든 율법을 다 지킬 것을 요구하고 계십니다. 하나님은 할 수 없고 될 수 없는 것을 명령하지는 않으십니다.

아마 이 명령은 에덴동산에서 그 원리를 찾을 수 있을 것입니다. 아담과 하와는 오직 선악열매만 먹을 수 없었습니다. 완전한 사람은 아니었지만, 선악열매를 따먹지만 않았으면 의로운 존재로 살아갈 수 있었습니다. 세부 규칙을 따지는 것이 아니라 마음과 뜻과 힘을 다하여 하나님을 사랑하기만 하면 다소 부족해도 의로움이라고 인정해주신다는 말입니다. 오늘날 우리는 그리스도의 보혈로 말미암아 의로움을 얻은 존재들입니다. 예수님의 피의 공로를 믿고 받아들이기만 하면 의인으로 칭하신다는 것입니다. 여전히 죄와 욕심에 사로잡힐 때가 많지만 심령이 하나님을 사랑하는 마음으로 채워져 있으면 우리에게 의로움이라고 해주실 것입니다. 가룟 유다와 베드로는 똑같이 예수님을 부인했지만, 예수님을 진짜로 사랑했던 베드로는 대사도가 되었고 예수님을 사랑한 것이 아니라 자기 욕심을 차렸던 가룟 유다는 비참하게 죽고 말았습니다. 가장 중요한 것은 하나님을 정말로 사랑하는가입니다.

“세 번째 이르시되 요한의 아들 시몬아 네가 나를 사랑하느냐 하시니 주께서 세 번째 네가 나를 사랑하느냐 하시므로 베드로가 근심하여 이르되 주님 모든 것을 아시오매 내가 주님을 사랑하는 줄을 주님께서 아시나이다 예수께서 이르시되 내 양을 먹이라”(요 21:17)

적용하기 : 당신은 얼마나 하나님을 사랑하면서 신앙생활을 하고 있습니까? 하나님의 일을 하는 동기가 하나님을 사랑하기 위해서입니까? 그렇지 못하다면 무엇이 문제이겠습니까?

하나님의 마음 :

하나님께서 복을 주시려면 복을 받을 그릇을 준비해야 합니다. 모든 명령은 복 받을 그릇을 준비하라는 것입니다. 당신이 지금 가지고 있는 그릇은 어느 정도라고 생각합니까?

오늘 받은 은혜 :

전체적으로 당신이 받은 은혜와 느낌을 기록해보십시오.

실천을 위한 도전 : (기도하여 성령님의 인도하심을 받으십시오.)

말씀을 전부 암송하라는 것이 아닙니다. 그 말씀을 가슴으로 느끼고 실천하라는 것입니다. 지금 당신이 가장 중심적으로 붙잡고 실천해야 할 말씀을 세 가지만 선택하고 행하십시오.

07 우상숭배의 싹을 제거하라.

신명기 7:1~26

본문 개론

앞장에서는 여호와 하나님만을 사랑하고 계명을 준수하라는 십계명의 제1계명에 대해서 설명했다면, 본장에서는 우상을 만들지도 섬기지도 말라고 명하신 제2계명을 주로 다루고 있습니다. 하나님께는 이스라엘이 가나안을 점령하는 것도 중요하지만 그보다는 가나안에 들어갔을 때 그 땅의 민족들을 어떻게 다루어야 할지가 더 중요합니다. 왜냐하면 기껏 힘들게 정복해놓고도 그들과의 관계가 말씀에서 어긋난다면 결국 아무것도 아닌 것이 될 수 있기 때문입니다. 가장 중요한 핵심은 우상숭배가 일어날 수 있는 가능성을 아예 잘라내야 한다는 것이었습니다. 이스라엘보다 훨씬 더 강한 일곱 족속을 물리치는 것도 문제가 아닙니다. 숫자가 훨씬 많은 군사들을 물리치는 것도 큰 문제가 아닙니다. 다만 그 땅에 들어갔을 때 그들을 불쌍히 여기지도 말고 그 땅의 남은 여인들과 혼인도 하지 말며 어떤 언약도 맺지 말고 그들을 진멸해야만 했습니다. 그곳에 들어가면 온갖 종류의 우상과 제단을 찍어 불사르고 신상들에게 입힌 금과 은도 취하지 말아야 합니다. 그렇게 하기만 하면 하나님은 왕벌을 보내서 그들을 미리 벌하시고 질병도 임하지 않게 하실 것이며 모든 소산과 곡식과 포도주와 기름이 풍성하고 양과 소가 왕성하게 번식하게 하실 것입니다.

본문 구성

가나안을 진멸하고 교통하지 말라.	(1~5)
하나님께서 구별하신 민족	(6~11)
계명을 지킬 때 받을 복	(12~16)
가나안을 네 손에 붙이리라.	(17~24)
우상을 근절하라.	(25~26)

본문 적용

본장을 통하여 일관되게 흐르는 것은 여호와 유일 신앙입니다. 유일 신앙을 가장 크게 훼손하는 것이 우상숭배입니다. 우상숭배는 갖가지 유혹과 함께 쉽고 빠른 축복이라는 미끼로 찾아오는데 이 세상의 삶에 필요한 것으로 혼동을 주기 때문에 쉽게 거기에 빠지기 쉬운 특징이 있습니다. 그것은 예나 지금이나 동일하게 펼쳐지고 있습니다. 본장을 읽으면서 오늘날의 시각으로 볼 때 너무 지나친 것이 아닌가 하는 생각을 가질 수 있을 것입니다. 이방인들과는 결혼하면 안 된다는 것도 그렇고, 그들의 재산이라고 할 수 있는 우상과 제단을 태워버리라는 것도 그렇고, 무엇보다도 그들을 진멸하라는 것도 그렇습니다.

물론 오늘날 문자 그대로 할 수 있는 것은 결코 아닙니다만, 그렇게 명령하셔야만 하는 근본적인 이유를 알고 순종해야 할 것입니다. 그것은 우상숭배의 죄를 교묘하게 범하게 만드는 마귀의 궤계가 얼마나 집요하고 철저하며 성도를 아예 지옥으로 끌고 들어갈 때까지 결코 포기하지 않는다는 사실을 처절할 정도로 인식하고 있지 않으면 자기도 모르는 사이에 우상숭배에 빠지게 된다는 사실을 강조하고 있는 것입니다. 하나님 이외에 의지하는 것이 있다면 그것은 명백한 우상입니다. 돈도 명에도 권력도 사람도 심지어는 거룩해 보이는 목표나 비전도 우상숭배로 빠지게 만들 수가 있습니다. 과거와 달리 오늘날에는 오히려 그 경계선이 너무나도 모호합니다. 그리스도인들은 우리의 현실적인 삶에서 펼쳐지는 모든 것이 우상숭배의 위험이 될 수 있다는 사실을 깊이 깨닫고 늘 말씀으로 분별하는 지혜가 있어야 할 것입니다.

❶ 모든 민족 중에 가장 적은 민족

핵심구절 : "너는 여호와 네 하나님의 성민이라 네 하나님 여호와께서 지상 만민 중에서 너를 자기 기업의 백성으로 택하셨나니 여호와께서 너희를 기뻐하시고 너희를 택하심은 너희가 다른 민족보다 수효가 많기 때문이 아니니라 너희는 오히려 모든 민족 중에 가장 적으니라"(신 7:6~7)

하나님께는 크거나 작은 것은 아무런 문제가 되지 않습니다. 많거나 적은 것도 전혀 문제가 되지 않습니다. 높거나 낮은 것도 마찬가지입니다. 하나님께서는 처음부터 크고 많고 높은 사람을 불러서 사용하신 경우가 거의 없습니다. 오히려 세상에서 소외되고 무시당하고 보잘것없으며 능력도 힘도 부족한 사람을 불러서 사용하실 때가 훨씬 많습니다. 많이 배우거나 적게 배운 것, 유식하거나 무식한 것, 남자나 여자, 젊은이나 노인 등 어느 쪽도 관계없습니다. 다만 하나님께서 기쁘게 택하신 사람을 불러서 사용하십니다. 이스라엘이 그랬습니다. 백성들의 인구가 많은 것도 군사가 많은 것도 아닙니다. 이미 자리를 잡고 있거나 큰 나라도 아닙니다. 주변 나라들에 비하면 보잘 것 없는 민족입니다. 그런데 하나님은 이스라엘을 택하셨습니다. 과연 무엇을 보시고 그렇게 하셨을까요? 물론 어느 날 갑자기 이스라엘 민족을 택하신 것이 아니라 믿음의 조상 아브라함으로부터 내려온 것입니다. 그러니까 아브라함을 택하셨기 때문에 자연스럽게 이스라엘을 구원하신 것입니다. 그런데 아브라함의 무엇을 보고 택하셨습니까? 아브라함의 믿음을 보고 택하신 것입니다.

그렇습니다. 하나님께서 택하셔서 거룩하게 하시는 근거는 오로지 믿음입니다. 우리가 잘나서나 힘이 있거나 인물이 좋아서 택하신 것이 아닙니다. 우리가 가난하거나 무식하거나 능력이 없을지라도 우리의 믿음을 보시고 하나님은 우리를 택하셔서 거룩하게 하십니다. 오히려 뛰어난 능력의 소유자라면 자기 능력을 자랑하게 될 것입니다. 그런 사람은 하나님께서 택하실 수가 없습니다. 이스라엘이 자기들보다 훨씬 강한 일곱 족속을 정복해야 하는데 속으로는 두려운 생각이 들 수밖에 없습니다. 그러나 하나님은 애굽에서 행한 것과 똑같은 힘으로 그들을 도우실 수 있습니다. 그 이상의 어떤 일도 능히 행하실 수가 있습니다. 우리가 힘이 약하고 능력이 부족하여 도울 사람이 없습니까? 그것은 오히려 축복입니다. 왜냐하면 하나님밖에는 의지할 데가 없으니까요. 우리는 능히 영적인 가나안을 정복할 수 있습니다.

"그러나 하나님께서 세상의 미련한 것들을 택하사 지혜 있는 자들을 부끄럽게 하려 하시고 세상의 약한 것들을 택하사 강한 것들을 부끄럽게 하려 하시며 하나님께서 세상의 천한 것들과 멸시 받는 것들과 없는 것들을 택하사 있는 것들을 폐하려 하시나니 이는 아무 육체도 하나님 앞에서 자랑하지 못하게 하려 하심이라"(고전 1:27~29)

적용하기 : 당신은 계획을 세울 때 주로 무엇을 준비합니까? 가장 중요한 것은 하나님의 뜻입니다. 당신의 계획에서 하나님의 뜻을 생각하지 못하게 만드는 가장 큰 요소는 무엇입니까?

❷ 조금씩 쫓아내리라.

핵심구절 : "네 하나님 여호와께서 이 민족들을 네 앞에서 조금씩 쫓아내시리니 너는 그들을 급히 멸하지 말라 들짐승이 번성하여 너를 해할까 하노라"(신 7:22)

사역자나 단체들 중에는 급속한 부흥이나 성공을 자랑하는 경우가 많습니다. 자랑이 아니라 간증을 통하여 하나님께 영광을 돌려드린다고 하지만, 사실은 여러 가지로 자신을 드러내려고 할 것입니다. 그러면 그렇게 급속도로 또는 한꺼번에 큰일을 이루는 것은 좋은 일일까요? 본문에 따르면 그것은 별로 좋아 보이지 않습니다. 왜냐하면 그것을 소화할 수 있는 믿음과 능력이 필요하기 때문입니다. 하나님께서 여호와의 성민인 이스라엘이 한꺼번에 가나안 땅을 정복하게 하실 수 없는 것이 아닙니다. 그런데 하나님은 그 민족들을 네 앞에서 조금씩 쫓아내리라고 말씀하시고 급하게 하지 못하게 하겠다고 하셨습니다. 그 이유를 하나님은 들짐승이 번성하여 너를 해칠까 하노라고 설명하셨습니다. 지역과 환경이 생소한 나라에 들어가서 모든 것을 한꺼번에 차지하게 된다면 거기에는 분명히 중대한 간격이 생길 것이고 그 간격 때문에 여러 가지 어려운 상황을 만나게 될 것입니다. 충분하게 관리하지 못함으로 말미암아 오히려 들짐승들이 번성하여 백성들을 해치는 일까지 일어날 것이라는 말씀입니다.

목회를 하든 선교를 하든 또는 믿음으로 사업을 하든 스스로 거기에 만족할 줄 알아야 합니다. 그리스도인이 지나치게 크거나 급속한 성공을 추구한다면 거기에는 분명히 허점이 노출될 뿐만 아니라 자기가 의도한 대로 그렇게 갑작스럽게 성공한다고 했을 때 오히려 교만이나 자랑으로 빠져서 하나님과의 관계가 멀어질 수 있게 될 것입니다. 이것은 다른 종류의 우상숭배입니다. 차라리 부흥되지 않거나 성공하지 못하고 실패하는 것이 훨씬 더 낫습니다. 왜냐하면 그렇게 되면 하나님을 더욱 의지하게 될 것이기 때문입니다. 믿음으로 한다고 하면서도 성공을 추구하고 있다면 그것은 하나님과 전혀 관계없는 일이기가 쉽습니다. 많은 목회자들에게서 이런 모습을 자주 발견합니다. 교회가 부흥되기는 했는데 목회자 개인은 하나님과 거의 관계없이 되어버린 모습입니다. 차라리 작은 교회로 남았더라면 교만하지는 않았을 것이고 하나님과 멀어지지는 않았을 텐데 말입니다. 부흥이 시험이 되고 성공이 유혹이 되는 것입니다. 가장 좋은 것은 자기 믿음의 분량대로 일이 이루어지는 것입니다.

"내게 주신 은혜로 말미암아 너희 각 사람에게 말하노니 마땅히 생각할 그 이상의 생각을 품지 말고 오직 하나님께서 각 사람에게 나누어 주신 믿음의 분량대로 지혜롭게 생각하라"(롬 12:3)

적용하기 : 당신은 현재 당신의 모습에 실망하고 있습니까? 당신이 생각하는 분량은 어디까지입니까? 당신은 지금의 분량 이상의 믿음과 사랑을 가지고 있습니까?

하나님의 마음 :

하나님은 그리스도인들이 무엇에든지 충만하게 되기를 원하십니다. 그러나 그것은 자기 믿음 안에서의 충만입니다. 당신의 목표와 현실 사이에는 어떤 괴리가 있습니까?

오늘 받은 은혜 :

전체적으로 당신이 받은 은혜와 느낌을 기록해보십시오.

실천을 위한 도전 : (기도하여 성령님의 인도하심을 받으십시오.)

당신이 내면적으로 하나님보다 먼저 찾는 것이 있습니까? 무엇이든지 하나님보다 우선하면 그것은 당신의 우상이기가 쉽습니다. 우상숭배의 요소를 찾아보고 한 가지만 버리기 바랍니다.

08
번성할 때 하나님을 기억하라

신명기 8:1~20

본문 개론

하나님께서 당신의 백성들을 위하여 베푸신 은혜들을 보여주는 목록에 해당됩니다. 하나님은 그들을 인도하시고 낮추시고 시험하시며 알게 하시고 징계하시고 이끌어내시고 먹이시고 물을 주셨습니다. 앞장까지는 새로운 세대들에게 하나님의 말씀으로 권면하시고 훈계와 경고를 주었습니다. 본장에서도 주제는 동일하지만 지금까지와는 달리 과거에 실제로 일어났던 역사를 예로 들면서 하나님의 의도를 전달하고 있는 것입니다. 먼저 과거 40년의 광야생활 동안 이스라엘을 지켜주시고 보호해주신 하나님의 사랑을 상기시키면서 여호와의 계명을 준수하라고 권면하고 나서, 하나님께서 약속하신 가나안 땅의 아름다움과 풍요로움을 강조하면서 백성들이 거기에 대해서 충분히 감사할 수 있도록 유도하며, 장차 이스라엘이 그 땅에 들어가서 풍요로운 삶을 누리게 될 때 그것을 허락하신 하나님의 은혜를 결코 잊어서는 안 되며 그렇지 못할 때의 처참한 결과를 경고하는 내용입니다.

본문 구성

40년 동안의 하나님의 축복 (1~6)
약속의 땅 가나안의 아름다움 (7~10)
교만과 착각에 대한 경고 (11~18)
멸망의 지름길에 대한 경고 (19~20)

본문 적용

모세의 메시지는 오늘 우리의 현실에 적용하기에도 전혀 무리가 없는 내용입니다. 광야 40년의 신앙적 교훈은 첫째로 백성들을 겸손하게 만들어 진정한 복을 누리게 만들기 위한 하나님의 사랑의 회초리였다는 것입니다. 여러 가지 광야의 위험 앞에서 자신들의 무력함을 철저하게 통감함으로써 오직 하나님만을 의지하도록 만들기 위한 하나님의 섭리였습니다. 둘째로 이스라엘의 마음, 정말로 진심으로 순종하는가를 시험하신 것이었습니다. 온전한 마음이 되지 않으면 몇 번은 순종하는 척할 수 있지만 끝까지 지속적으로 하나님만을 의지할 수는 없습니다. 하나님은 백성들 자신이 이런 모습을 발견하기를 원하셨던 것입니다. 셋째로 모든 과정을 통하여 오직 하나님만을 의지하는 백성으로 만드시기 위해서였습니다. 광야 40년 동안 인간의 가장 기본적인 의식주조차도 자기들의 힘으로는 해결할 수 없는 척박한 환경에서 하나님의 사랑과 은혜와 긍휼을 체험함으로써 하나님을 전적으로 의지하도록 하시기 위함이었던 것입니다. 고난과 상처 가운데 있다면 이 하나님의 사랑을 충분히 깨닫고 누릴 수 있어야 하겠습니다.

❶ 네 마음이 어떠한지

핵심구절 : "네 하나님 여호와께서 이 사십 년 동안에 네게 광야 길을 걷게 하신 것을 기억하라 이는 너를 낮추시며 너를 시험하사 네 마음이 어떠한지 그 명령을 지키는지 지키지 않는지 알려 하심이라"(신 8:2)

기독교 신앙은 마음이 중심이 되어야 합니다. 마음이 빠져있는 외적 행위가 아무리 크고 높고 넓어도 그것은 단지 생명 없는 죽은 나무와 같을 뿐이기 때문입니다. 마음이 중심이 되는 신앙이 아니라면 단지 율법적, 종교적인 행위에 그쳐 버립니다. 그렇다고 행위가 중요하지 않은 것이 아닙니다. 다만 그 행위의 중심에 마음이 들어있어야만 한다는 것입니다. 본문에서도 두 가지를 말씀하고 있는데 하나는 마음이고 하나는 명령을 지키는 것입니다. 대개의 경우에 행위나 결과에 대해서는 중요시하고 열광하면서도 그 속에 품고 있는 마음이 어떤지에 대해서는 별로 관심도 없고 이야기하지도 않습니다. 교회생활도 제자훈련도 전부 외적 행위에 대해서만 치중하고 있습니다. 성경통독, 교회출석, 봉사활동, 전도 등도 전부 외적인 결과에 대해서만 상을 주고 격려합니다. 나눔과 섬김도 기념사진으로 홍보하고 자랑합니다. 그렇게 하는 일 자체를 지적하는 것이 아니라 마음의 중요성을 간과해서는 안 된다는 것입니다. 쉐마 본문에도 마음을 다하고 뜻을 다하고 힘을 다해야 한다고 명령합니다.

요한계시록의 두아디라 교회에 주신 말씀 가운데에도 사람의 뜻과 마음을 살피신다고 말씀하시고 나서 행위대로 갚아주신다고 하셨습니다. 마음과 뜻이 먼저입니다. 그리고 그것을 기반으로 해서 행위가 나오게 되어 있습니다. 그런데 모두들 외적인 행위와 결과에만 주목하고 있습니다. 성공과 번영과 부흥과 외적 열매에 집중하고 만족하고 자랑하고 교만해져 있습니다. 작은 일이라도, 보잘것없는 결과라도 거기에 주님을 사랑하는 순수한 마음이 채워져 있으면 그것은 아주 큰일이고 주님께서 대단히 기뻐하시는 일이고 모두들 그런 것에 초점을 맞추어야 합니다. 그렇지 못한 기독교의 모습 때문에 교회가 세상에서 비판을 받는 결과로 나타나게 된 것입니다. 먼저 우리가 주님을 얼마나 사랑하는지를 살펴야 하겠습니다.

"또 내가 사망으로 그의 자녀를 죽이리니 모든 교회가 나는 사람의 뜻과 마음을 살피는 자인 줄 알지라 내가 너희 각 사람의 행위대로 갚아주리라"(계 2:23)

적용하기 : 당신은 외적인 신앙생활에 대해서 자랑하고 싶은 마음이 없습니까? 하나님의 일을 감당하면서 그 동기가 무엇인지 순수하게 점검해보기 바랍니다.

❷ 재물 얻을 능력

핵심구절 : "그러나 네가 마음에 이르기를 내 능력과 내 손의 힘으로 내가 이 재물을 얻었다 말할 것이라 네 하나님 여호와를 기억하라 그가 네게 재물 얻을 능력을 주셨음이라 이같이 하심은 네 조상들에게 맹세하신 언약을 오늘과 같이 이루려 하심이니라"(신 8:17~18)

세상은 돈을 중심으로 흘러가게 되어 있습니다. 사는 데 불편하지 않을 만큼만 있으면 되고 나머지는 하나님의 일에 사용해야 하는데, 우리는 그런 개념보다는 돈을 누리려고 하는 경향이 아주 강합니다. 돈을 많이 벌면 하나님께서 많은 복을 주신 것이라고 생각하고 가난하면 복을 주지 않으신 것이라고 생각합니다. 그러나 하나님은 모든 물질을 모든 사람에게 공통적으로 부여해주셨습니다. 햇빛과 비를 골고루 주신 것과 똑같은 이치입니다. 그러니까 내가 무엇인가를 많이 가졌다면 원래의 내 것 이상을 누리고 있는 것이라는 사실을 반드시 알고 있어야 합니다. 더구나 창조주 하나님을 믿고 그리스도 예수의 공로로 구원받은 그리스도인들이라면 우리에게 필요한 소유 외에는 전부 하나님의 일에 사용해야 한다는 사실을 신앙 가운데 품고 있어야 할 것입니다.

기본적인 생활을 하고 있는 그리스도인들이라면 주신 복 중에서 작은 부분이라도 나누고 섬기면서 살아야 하지만 그 중에서도 많은 소유를 누리고 있는 기독교인들은 어떻게 생각해야 할까요? 그저 하나님께서 남다른 큰 복을 주셨다고 생각하고 우리도 그런 복을 받기를 위해 힘써야 할까요? 그렇지가 않습니다. 본문 중에서도 말씀하셨지만 물질을 많이 소유하고 있는 사람은 하나님께서 재물 얻을 능력을 주셨기 때문에 부자가 될 수 있었다는 사실을 꼭 알아야 합니다. 돈이 많은 것은 음악이나 미술에 재능이 있거나 체육에 재능이 있거나 다른 사람을 지도하는 능력이 있거나 가르치는 능력이 있는 것처럼 돈을 많이 벌 수 있는 재능을 주셨기 때문입니다. 결코 자기 스스로가 능력이 있어서 그렇게 된 것이 아닙니다. 그렇다면 부자가 된 사람들은 그렇게 하나님께서 주신 재능으로 말미암아 소유하게 된 물질을 어떻게 사용해야 하겠습니까? 하나님은 소유가 많은 사람들에게 주변의 어려운 이웃들을 위해서 사용하라고 물질재능을 주셨습니다. 노래를 잘 하면 다윗과 같이 하나님을 찬양하라고 주신 것입니다. 비단 물질뿐 아니라 다른 모든 재능은 성령님의 은사이므로 거기에 합당하게 쓰임 받아야 할 것입니다. 결코 그 재능을 자랑하거나 독점하지 말아야 하겠습니다.

"네가 이 세대에서 부한 자들을 명하여 마음을 높이지 말고 정함이 없는 재물에 소망을 두지 말고 오직 우리에게 모든 것을 후히 주사 누리게 하시는 하나님께 두며 선을 행하고 선한 사업을 많이 하고 나누어 주기를 좋아하며 너그러운 자가 되게 하라"(딤전 6:17~18)

적용하기 : 당신에게는 남들보다 뛰어난 재능이 있습니까? 그 재능을 어떻게 사용하고 있습니까? 뚜렷한 재능이 없다고요? 그렇다면 그 재능(능력, 잘 하는 것)을 찾아보십시오.

하나님의 마음 :

하나님께서 우리에게 복을 주시는데 그 복을 하나님 안에서 누리기를 원하십니다. 당신에게 주신 복을 헤아려보고 그것이 얼마나 주님과의 관계를 돕는지 이야기해 보십시오.

오늘 받은 은혜 :

전체적으로 당신이 받은 은혜와 느낌을 기록해보십시오.

실천을 위한 도전 : (기도하여 성령님의 인도하심을 받으십시오.)

에베소교회는 모든 것을 잘 하였으나 처음 사랑을 버렸다고 책망 받았습니다. 당신은 처음 사랑을 얼마나 간직하고 있습니까? 그 중 한 가지만 기억하고 회복하시기 바랍니다.

09
우리 편이 되시는 이유

신명기 9:1~29

본문 개론

본장에서는 백성들이 가나안 땅을 정복한 후에 갖게 될지도 모를 자만심에 대하여 경고하고 있습니다. 하나님께서 성읍들이 크고 성벽이 하늘에 닿아있는 아낙 자손들이 지키고 있는 가나안을 정복하게 하시는 이유는 이스라엘이 착하고 의로워서가 아닙니다. 앞장에서 이스라엘의 수가 많거나 힘이 강하기 때문이 아니라고 하신 데 이어서 본장에서는 그들이 의롭거나 정직하기 때문이 아니라고 말씀하십니다. 중요한 이유는 아브라함과 이삭과 야곱에게 하신 맹세를 이루려 하심이고, 그와 맞물려서 가나안에 속한 민족들의 죄악 때문이라고 하십니다. 그리고 백성들의 죄악으로 말미암아 이스라엘을 진멸하려고 하실 때 모세가 40일 금식기도를 하면서 하나님과 백성 사이를 중보한 덕분이라고 말하고 있습니다. 이렇게 볼 때 가나안 정복은 이스라엘 백성들이 잘나서가 아니라 전적으로 하나님의 은혜라는 사실을 강조하고 있는 것입니다. 그것을 위하여 호렙산 아래에서의 금송아지 숭배 사건과 가데스 바네아에서의 반역 사건을 이야기하고 있습니다.

본문 구성

이스라엘의 편이 되시는 이유 (1~6)

호렙산에서의 여호와의 진노 (7~14)

금송아지 숭배 사건 (15~21)

가데스 바네아에서의 반역 사건 (22~24)

모세의 중보기도 (25~29)

본문 적용

하반부에서 이야기하는 모세의 자세한 중보기도를 살펴보면서 우리는 하나님의 마음과 뜻을 조금이라도 헤아릴 수 있을 것입니다. 모세는 두 가지 근거를 가지고 하나님께 기도하는데 하나는 아브라함과 이삭과 야곱에게 약속하신 언약대로 하셔야 한다는 내용이었고, 다른 하나는 언약이 성취되지 않을 때 열방이 하나님의 언약에 대해서 오해함으로써 하나님의 영광이 세상에서 훼손될 수도 있다는 내용이었습니다. 첫 번째 기도에서 하나님께서 이 백성을 멸하시고 모세로 하여금 더 큰 민족을 이루어 나가시더라도(14) 사실상 하나님의 언약이 취소되는 것은 아닙니다. 모세도 역시 아브라함의 자손이기 때문입니다. 그러므로 중보의 근거로는 다소 약한 모양이었습니다.

그리고 두 번째 기도에서 하나님의 영광은 누가 욕한다고 해서 사라지는 것이 아니고 하나님을 모르는 백성들이 하나님을 폄훼한다고 해서 망가지는 것도 아닙니다. 이방인들이 무엇이라고 하든 하나님은 하나님의 뜻대로 세상을 다스려 나가시는 것입니다. 따라서 이것도 중보의 근거로는 다소 부족한 것 같습니다. 물론 모세가 붙잡은 근거가 소용이 없다거나 쓸모없다는 것은 결코 아닙니다. 그렇게 모세처럼 기도해야 합니다. 그러나 더 중요한 것은 모세의 믿음과 기도의 자세입니다. 모세는 백성의 죄를 사하지 않으시려면 자기를 기록에서 지워달라고 기도했습니다(출 32:32). 그리고 그는 물도 마시지 않고 사십 일 동안 기도하였습니다. 우리도 기도할 때에 모세와 같은 근거를 붙잡되 또한 모세와 같은 진정성 있는 기도를 해야 하겠습니다.

❶ 공의로움 때문이 아니라.

핵심구절 : "네 하나님 여호와께서 그들을 네 앞에서 쫓아내신 후에 네가 심중에 이르기를 내 공의로움으로 말미암아 여호와께서 나를 이 땅으로 인도하여 들여서 그것을 차지하게 하셨다 하지 말라 이 민족들이 악함으로 말미암아 여호와께서 그들을 네 앞에서 쫓아내심이니라"(신 9:4)

혹시 스스로를 과대평가하여 자기의 능력으로 모든 것을 이루었다고 생각하는 사람이 있다면 본문의 말씀이 그 사람에게 가장 합당한 말씀이 될 것입니다. 그렇다고 스스로를 낮추고 자기를 비하하며 늘 자책해야 한다는 말이 전혀 아닙니다. 우리의 부족하고 모자라는 것을 하나님께서 채워주신 것을 감사하며 하나님과 늘 깊이 교제하며 하나님의 은혜와 사랑을 누리라는 말입니다. 그리고 그것을 세상과 이웃에게 나누어 주고 느끼게 해주라는 것입니다. 사람은 누구나 자기를 자랑하고 드러내고 자기의 능력과 힘을 과시하고 싶어 합니다. 그런 성향이 아니라고 하더라도 내면적으로는 그런 보상을 원하는 것이 사실일 것입니다. 하나님께서 염려하시는 것은 이스라엘이 가나안을 점령했을 때 그것을 자기들의 의로움과 능력으로 생각하고 하나님을 멀리하는 것입니다. 아마 거의 그렇게 될 가능성이 농후할 것입니다.

현실적으로 우리들 가운데에도 다른 사람들보다 더 빠르거나 더 큰 성공을 거두거나 더 높은 자리에 도달했을 때 거의 이런 오류에 빠지기가 쉽습니다. 사람마다 다르겠지만 대개는 이런 착각에서 벗어나기가 쉽지 않습니다. 높은 신앙의식을 소유하고 있는 사람이 아니라면 누구나 이런 패턴을 밟게 되어 있습니다. 지금 그렇지 않아 보이더라도 실제로 그런 자리에 간다면 99% 그렇게 될 것입니다. 그런 사람은 가난하고 낮은 사람들의 입장을 거의 이해할 수 없습니다. 이런 오류에 빠지지 않는 거의 유일한 방법은 그런 자리에서 내려오는 것입니다. 쌓여진 것이 있다면 빨리 나누어 주는 것입니다. 가진 것이 적고 낮은 자리에 있다면 생기지 않아도 될 허물에 빠지지 않기 위해서 꼭 필요한 조치입니다. 물론 내려오기 싫고 버리기가 싫습니다. 하지만 그렇게 내려오고 버리는 사람이 참된 그리스도인입니다.

"세리는 멀리 서서 감히 눈을 들어 하늘을 쳐다보지도 못하고 다만 가슴을 치며 이르되 하나님이여 불쌍히 여기소서 나는 죄인이로소이다 하였느니라 내가 너희에게 이르노니 이에 저 바리새인이 아니고 이 사람이 의롭다 하심을 받고 그의 집으로 내려갔느니라 무릇 자기를 높이는 자는 낮아지고 자기를 낮추는 자는 높아지리라 하시니라"(눅 18:13~14)

적용하기 : 하나님과 더욱 가까워지기 위해서 지금의 위치에서 내려오거나 버릴 것이 있습니까? 그것을 발견해 보십시오.

❷ 두 돌판을 깨뜨렸노라.

핵심구절 : "내가 본즉 너희가 너희의 하나님 여호와께 범죄하여 자기를 위하여 송아지를 부어 만들어서 여호와께서 명령하신 도를 빨리 떠났기로 내가 그 두 돌판을 내 두 손으로 들어 던져 너희의 목전에서 깨뜨렸노라"(신 9:16~17)

모세가 호렙산에서 내려오다가 백성들의 금송아지 숭배 현장을 보고 분노하여 하나님께서 친히 새겨주신 십계명 돌판을 산 아래로 던져 깨뜨려버렸습니다. 하지만 하나님은 이것을 모세의 허물로 여기시고 경고하신 적이 없습니다. 아무리 백성들이 말도 안 되는 불경죄를 저질렀어도 어떻게 하나님께서 직접 써주신 십계명 돌판을 던져버릴 수 있단 말입니까? 그런데 하나님은 아무런 지적도 하지 않으실 뿐만 아니라 오히려 돌판을 새로 만들어오면 다시 십계명을 새겨주겠다고 하십니다(출 34:1). 잘 이해가 되지 않는 모습입니다. 하나님은 성막에서 지정된 불이 아니라 다른 불로 번제단에 불을 붙였다고 해서 아론의 두 아들을 불로 태워죽이신 적이 있습니다(레 10:2). 하나님의 거룩하심은 조금의 허물과 죄악도 용납하실 수가 없습니다. 그런데 얼핏 보기에 그 제단기구보다 훨씬 더 중요하고 하나님의 거룩하심을 가장 잘 드러낼 수 있는 십계명 돌판을 깨뜨렸는데 아무런 말씀도 없으시고 오히려 그것을 대체할 수 있는 방법까지 알려주십니다.

우리는 그 이유를 생각해야 합니다. 그렇지 않으면 하나님은 때에 따라 당신의 마음대로 모든 것을 행하시는 분이라고 생각하게 될 것이기 때문입니다. 그렇게 되면 우리는 하나님께 대한 절대 신앙을 가질 수가 없을 것입니다. 그래서 그 이유를 생각해보면 일단 하나님께서 모세가 돌판을 깨뜨리는 것을 허용하신 것이라고 생각할 수 있습니다. 물론 직접 명령하신 것은 절대 아닐 것입니다. 그랬다면 성경에 기록했을 것이기 때문입니다. 이것은 하나님의 묵인 아래 이루어진 일일 것입니다. 이것은 모세가 십계명 돌판을 깨뜨림으로 말미암아 하나님께서 얼마나 진노하셨는가를 두 눈으로 똑바로 보고 깨닫게 하시려는 것이었습니다. 곧 백성들이 하나님의 진노를 눈으로 볼 수 있도록 허락하셨다는 말입니다.

모세는 여호와의 분노로 분노를 쏟아냈습니다. 하나님의 분노가 곧 모세의 분노였습니다. 만약에 하나님의 거룩하신 분노로 분노하지 않았다면 그것은 모세일 수가 없습니다. 여기에서 깨달아야 할 것은 우리는 하나님께서 분노하실 때 우리도 분노해야 한다는 것입니다. 하나님께서 분노하실 일인데 우리가 그것을 보고도 멀뚱멀뚱하다면 그 사람은 참된 그리스도인이 아닐 것입니다. 반면에 하나님께서 긍휼히 여기시는데 우리는 전혀 그런 마음이 없다면 그것도 참 문제입니다. 우리는 하나님께서 기뻐하실 때 함께 기뻐하고 하나님께서 진노하실 때 함께 진노해야 합니다.

> "노끈으로 채찍을 만드사 양이나 소를 다 성전에서 내쫓으시고 돈 바꾸는 사람들의 돈을 쏟으시며 상을 엎으시고 비둘기 파는 사람들에게 이르시되 이것을 여기서 가져가라 내 아버지의 집으로 장사하는 집을 만들지 말라 하시니"(요 2:15~16)

적용하기 : 당신은 얼마나 하나님과 마음을 함께 하고 있다고 생각합니까? 하나님의 마음에 동참하지 못하고 있는 부분을 깊이 생각하여 몇 가지만 이야기해 보십시오.

하나님의 마음 :

하나님은 성도들이 하나님의 은혜를 잘 깨닫고 받은 은혜에 감사하며 스스로를 하나님 앞에 낮추어서 교만하거나 원망하지 않기를 바라십니다. 당신은 어느 정도라고 생각합니까?

오늘 받은 은혜 :

전체적으로 당신이 받은 은혜와 느낌을 기록해보십시오.

실천을 위한 도전 : (기도하여 성령님의 인도하심을 받으십시오.)

혹시 전적인 하나님의 은혜임에도 불구하고 스스로를 자랑스럽게 생각하거나 자기 의로 여기는 부분이 있습니까? 지금이라도 한 가지 발견해내고 하나님께 회개하시기 바랍니다.

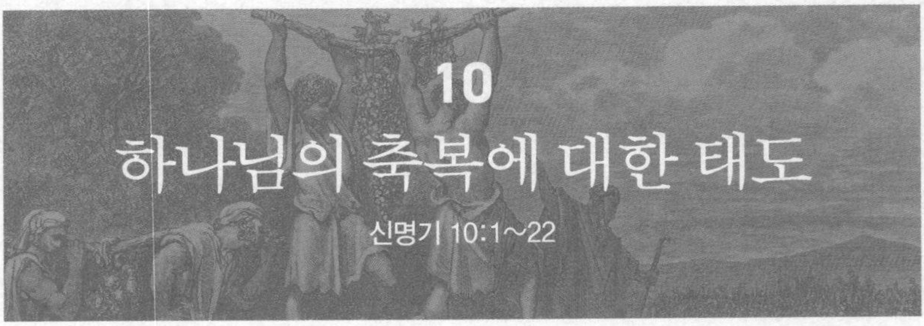

10 하나님의 축복에 대한 태도

신명기 10:1~22

본문 개론

이스라엘 백성들이 큰 죄를 범했음에도 하나님은 모세의 기도를 들으시고 용납하셨는데, 이제 백성들과 새로운 언약을 다시 회복시키셨음을 입증하기 위해 모세는 두 개의 새로운 십계명 돌판과 그것을 담을 나무상자에 대하여 이야기하고 있습니다. 또한 아론이 주도한 금송아지 사건으로 인하여 훼손된 제사장의 권위도 아론의 죽음을 계기로 그의 아들을 통하여 다시 회복하였음을 이야기하는 장면으로 이어집니다. 그렇게 하여 하나님은 이스라엘에게 약속하신 모든 것을 원상태로 돌려주십니다. 이어서 또다시 반복하여 하나님의 율법과 규례를 지킬 것을 다시 요구하시고 하나님의 마음이 어디에 있는가를 상세하게 설명하심으로써 본장이 마무리가 됩니다. 이스라엘이 마음에 할례를 행하고 이웃에게 정의를 행하며 여호와를 온전하게 경외하면 모든 것을 더하여 주시는 분이십니다.

본문 구성

십계명 돌판을 다시 받다.	(1~5)
새 제사장과 레위 지파의 직임	(6~9)
모세의 중보기도를 들으시다.	(10~11)
백성들을 향한 하나님의 요구	(12~16)
하나님의 성품을 알라.	(17~22)

본문 적용

당연한 이야기이지만 신약성도들인 우리들이 구약을 대할 때 가장 우선적으로 고려해야 할 부분은 현실에 대한 적용성이어야 합니다. 구약이든 신약이든 하나님의 말씀을 삶에 적용하지 못한다면 그 말씀은 생명력을 잃어버린 언어에 불과하게 될 것입니다. 하나님께서 모세를 통하여 지속적으로 말씀을 반복하도록 하신 것은 이스라엘 백성들의 삶 속에서 말씀이 살아있기를 원하시기 때문입니다. 본문 하반 부분에서 하나님께서 요구하시는 내용과 하나님의 성품을 또다시 언급하시는 것은 가나안 땅에 들어갔을 때 그들이 지켜야 할 행동규범을 의식 속에 뿌리내리게 하시기 위함인 것입니다. 특히 하나님의 성품을 고아와 과부를 위하여 정의를 행하시고 나그네를 사랑하시는 분이라고 강조한 것은 신약성도들인 우리들에게 가장 직접적으로 적용할 수 있는 명백한 명령이라는 사실을 생각해야 하겠습니다. 이웃사랑이 하나님사랑이고 하나님사랑이 이웃사랑입니다.

❶ 백성보다 먼저 길을 떠나라.

핵심구절 : "내가 처음과 같이 사십 주 사십 야를 산에 머물렀고 그 때에도 여호와께서 내 말을 들으사 너를 참아 멸하지 아니하시고 여호와께서 내게 이르시되 일어나서 백성보다 먼저 길을 떠나라 내가 그들에게 주리라고 그들의 조상들에게 맹세한 땅에 그들이 들어가서 그것을 차지하리라 하셨느니라" (신 10:10~11)

모세는 하나님과 백성 사이의 중보자로서 하나님의 명령을 먼저 받아 백성들에게 전달하는 사람입니다. 이제 하나님의 언약이 회복된 다음에도 하나님은 먼저 길을 떠나라고 하십니다. 그것이 구체적으로 어떤 의미인지는 정확하게 알 수 없지만 하나님의 명령을 먼저 받아 백성들을 조상들에게 맹세하신 땅으로 인도하라는 명령인 것만은 사실일 것입니다. 하나님께서 모세에게 먼저 말씀을 주신 목적은 백성들에게 전달하고 이끌라는 것입니다. 오늘 우리 그리스도인들이 꼭 이와 같은 사명을 받은 사람들입니다. 하나님은 우리에게 먼저 복음을 주셨습니다. 먼저 주셨다기보다는 먼저 깨닫게 하셨다는 말이 맞을 것입니다. 복음을 먼저 주셨다는 시간적 차이가 아니기 때문입니다. 우리보다 먼저 복음을 들었던 수많은 사람들이 있었지만 우리가 먼저 믿은 것입니다. 그 믿음은 우리가 육적인 이해를 주도적으로 받은 것이 아니라 하나님의 능력으로 깨달은 복음입니다. 하나님께서 깨닫게 하셨다면 우리를 향하신 목적은 더욱 명확해집니다. 모세에게 율법을 먼저 주신 것과도 같습니다.

우리 그리스도인들은 복음을 먼저 받은 사람들입니다. 먼저 받은 것은 다른 사람들에게 전하라고 주신 것입니다. 귀중한 은혜의 복음을 받아놓고 그것을 가지고만 있으면 결코 다른 사람들에게 전달될 수가 없습니다. 어떤 식으로든 이웃들과 친지들에게 전달해야 합니다. 전달하는 방법은 다양할 수 있습니다. 대개는 교회의 주일예배에 인도하여 말씀을 듣게 하는 방식을 사용합니다만, 이것은 너무 소극적인 복음전달방식입니다. 교회에서 성도들에게 자기가 믿는 복음을 스스로 잘 설명할 수 있도록 훈련해야 하는데 그렇게 하지 못했습니다. 자신이 확신하는 진리를 다른 사람에게 설명하지 못하는 믿음이라면 복음의 확장성을 현저하게 떨어뜨릴 것입니다. 그러나 이것도 소극적인 방식입니다. 왜냐하면 복음이란 말이나 글로만이 아니라 행동과 삶으로 보여야 하기 때문입니다. 삶으로 증명할 수 없는 복음은 그 힘이 미약할 수밖에 없습니다. 교회가 그렇게 살도록 교육하고 훈련해 나가야 합니다. 복음을 먼저 받은 우리들은 그것을 다른 사람들에게 전달하고 삶으로 나타내야 할 의무가 생긴 것입니다.

"그러면 거기에 들어갈 자들이 남아 있거니와 복음 전함을 먼저 받은 자들은 순종하지 아니함으로 말미암아 들어가지 못하였으므로"(히 4:6)

적용하기 : 당신은 복음의 전달자로서 어디까지 그 직임을 감당하고 있습니까? 감당하지 못하고 있다면 먼저 무엇부터 시작해야 할지를 생각하고 시도해 보시기 바랍니다.

❷ 마음에 할례를 행하라.

핵심구절 : "여호와께서 오직 네 조상들을 기뻐하시고 그들을 사랑하사 그들의 후손인 너희를 만민 중에서 택하셨음이 오늘과 같으니라 그러므로 너희는 마음에 할례를 행하고 다시는 목을 곧게 하지 말라"(신 10:15~16)

마음에 할례를 행하라는 말씀은 마치 신약교회 성도들에게 권면하는 것처럼 들립니다. 그런데 이 말씀은 모세가 하나님의 명령을 백성들에게 전달할 때에 한 말입니다. 사실 이스라엘 백성들은 육체에는 할례를 반드시 행했지만 마음에는 할례를 제대로 행하지 못했습니다. 이스라엘은 거의 율법적으로, 곧 외적인 규칙준수로 모든 것을 대체했었습니다. 그것을 우리는 율법주의라고 부르지 않습니까? 외적인 명령과 규례를 지키기만 하면 거룩한 백성이라는 인식 말입니다. 하기는 외적인 것도 못 지키면서 다른 것을 지킨다고 할 수는 없습니다. 구약의 모든 율법은 전부 겉으로 행하는 데 초점이 맞추어져 있습니다. 그래서 그것을 중요시하는 사람들이 바리새인들이 아닙니까? 하지만 하나님께서 그런 명령을 내리신 것은 분명하지만 하나님은 무엇보다도 먼저 마음으로 받아들여야 할 것을 더더욱 강조하셨다는 사실을 알아야 합니다. 마음에 할례를 받으라는 명령도 그렇지만 하나님을 사랑하되 마음과 뜻과 힘을 다해서 사랑하라고 하신 명령에도 아주 잘 나타나 있습니다. 마음이 빠진 율법준수는 껍데기에 불과합니다.

우리 신약교회 성도들에게는 마음에 할례를 받는 일이 더더욱 중요하게 되었습니다. 왜냐하면 오늘날에는 육적인 할례를 아예 받지 않아도 되기 때문입니다. 그러니까 마음의 할례는 선택이 아니라 필수가 되었다는 것입니다. 구약에서도 마찬가지였지만 오늘날에는 하나님께서 외적인 행동으로 평가하시는 것이 아니라 얼마나 마음을 다했는가를 보시고 평가하시기 때문입니다. 마음에 받는 할례는 우리의 심령 깊은 곳으로부터 우러나오는 하나님사랑으로 모든 행위가 비롯되어야 함을 설명하는 것입니다. 교회와 기독교인들이 세상에서 비판을 받는 것은 하나님을 마음을 다해서 사랑하지 못하는 것이 가장 큰 제1원인입니다. 사람에게 보이려고 모든 것을 지켰던 바리새인들에게 예수님께서 지속적으로 권면하신 말씀도 하나님의 원래의 마음을 재설정하시는 것이었습니다. 모든 것을 자기 자신이나 다른 사람을 의식하여 행하지 말고 오직 하나님만 바라보고 마음을 다해서 사랑할 수 있어야 하겠습니다. 그렇게 하기 위해서는 예수님의 마음을 깊이 이해하고 있어야 할 것입니다.

"오직 이면적 유대인이 유대인이며 할례는 마음에 할지니 영에 있고 율법 조문에 있지 아니한 것이라 그 칭찬이 사람에게서가 아니요 다만 하나님에게서니라"(롬 2:29)

적용하기 : 당신은 무엇을 위해서 신앙생활을 감당하고 있습니까? 당신 자신의 목적(축복과 번영)을 위한 것입니까, 다른 사람을 의식해서입니까, 아니면 주님을 사랑하기 때문입니까?

하나님의 마음 :

하나님은 백성들이 하나님에 대해서 잘 알기를 원하십니다. 하나님을 잘 모르면 마음을 다해 사랑하기 어렵기 때문입니다. 당신은 하나님의 마음을 얼마나 이해하고 있습니까?

오늘 받은 은혜 :

전체적으로 당신이 받은 은혜와 느낌을 기록해보십시오.

실천을 위한 도전 : (기도하여 성령님의 인도하심을 받으십시오.)

이스라엘이 범죄한 이후에 하나님을 새롭게 만난 것처럼 하나님의 은혜와 사랑은 늘 우리에게 새롭게 다가와야 합니다. 당신에게 가장 새로워야 할 것 한 가지를 택하여 새롭게 실천하십시오.

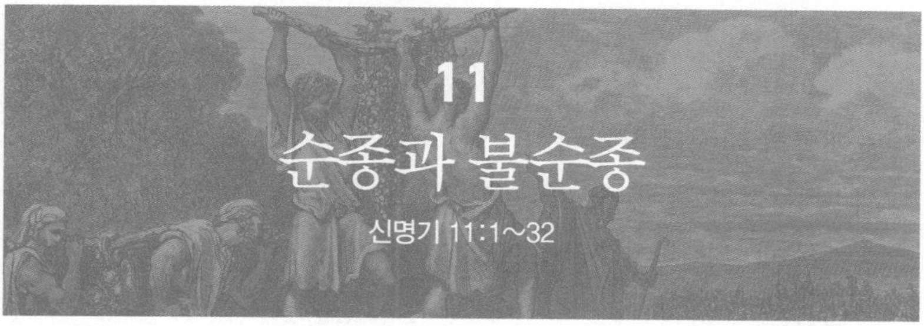

11 순종과 불순종

신명기 11:1~32

본문 개론

가나안 땅을 앞에 놓고 모세는 하나님의 말씀에 대한 순종과 불순종의 여부가 복과 저주, 생명과 죽음, 번영과 파멸의 갈림길이 된다는 사실을 강조하고 있습니다. 먼저 출애굽의 과정에서 경험한 하나님의 놀라운 권능과 기적을 상기시키고 나서 그럼에도 불구하고 반역하여 저주를 받은 사건을 이야기합니다. 앞으로 점령할 가나안 땅도 차지하게 될 것인데 그 땅은 모든 것이 애굽보다 훨씬 풍성한 땅인 것을 이야기합니다. 그리고 하나님의 말씀에 순종하면 하나님의 풍성한 은혜를 받을 것이지만 다른 신을 섬기면 저주를 받을 것을 이야기하고 나서 이제 쉐마의 본문을 다시 제시하고 그 명령에 순종하면 모든 것을 차지하게 될 것이라고 재차 강조합니다. 마지막으로 그리심산과 에발산을 예로 들면서 백성들 앞에 복과 저주가 놓여있는데 선택은 백성들이 하라고 마무리합니다. 그리심산은 나무가 우거지고 풍성한 반면에 에발산은 돌산과 같이 헐벗은 산입니다.

본문 구성

출애굽의 기적을 생각하라.	(1~7)
새 땅은 젖과 꿀이 흐르는 땅이다.	(8~12)
순종하면 복을 누릴 것이다.	(13~17)
율법을 준수하라.	(18~25)
그리심산과 에발산	(26~32)

본문 적용

우리의 현재의 상황은 우리의 선택의 결과입니다. 물론 그리스도인은 당연히 하나님의 사랑과 예수 그리스도의 은혜를 입음으로써 놀라운 구원을 얻은 사람들이고, 성령님의 감동 감화하심과 인도하심을 따라 늘 하나님과 교제하며 살아가는, 세상에서 가장 복된 사람들입니다. 그렇지만 그리스도인이라고 해서 늘 똑같은 은혜를 받고 복을 누리면서 살아갈 수 있는 것은 아닙니다. 마귀가 지배하고 있는 이 세상 속에서 살아가노라면 여러 가지 사건과 환경을 만나게 됩니다. 그럴 때 우리가 어떻게 선택하는가에 따라 많은 것이 달라집니다.

무엇을 기준으로 삼아야 할까요? 이스라엘은 오직 하나님의 율법이 모든 것의 기준이었습니다. 율법대로 선택하고 순종하면 하나님께서 준비하신 놀라운 복을 받지만 자기감정에 따르거나 다른 신을 선택하면 그는 틀림없이 저주를 받게 됩니다. 처음에는 재미있고 잘되는 것 같아도 금방 저주의 길에 빠지게 됩니다. 오늘 우리도 똑같습니다. 말씀을 분별하고 그 말씀대로 따라가면 그는 저 영원한 세상을 소유하게 될 것이지만 그렇지 않고 세상을 따라가거나 욕심을 따라가면 그에게 허락하신 모든 복이 그에게서 달아나버릴 것입니다.

❶ 여호와의 눈이 항상 그 위에

핵심구절 : "네가 들어가 차지하려 하는 땅은 네가 나온 애굽 땅과 같지 아니하니 거기에서는 너희가 파종한 후에 발로 물 대기를 채소밭에 댐과 같이 하였거니와 너희가 건너가서 차지할 땅은 산과 골짜기가 있어서 하늘에서 내리는 비를 흡수하는 땅이요 네 하나님 여호와께서 돌보아 주시는 땅이라 연초부터 연말까지 네 하나님 여호와의 눈이 항상 그 위에 있느니라"(신 11:10~12)

하나님은 세상을 항상 살피고 계십니다. 주로 어디에 눈을 향하고 계시겠습니까? 하나님의 마음을 소유하고 하나님의 뜻대로 살려고 애쓰는 백성들에게 항상 눈길이 가있을 것입니다. 그리고 그런 믿음의 의인들이 하나님의 뜻대로 행하는 그 일에도 항상 관심을 가지고 계실 것입니다. 우리가 예수님의 마음을 품고 말씀의 원리를 삶에 적용하며 우리에게 주신 복음을 삶에 실현시키려고 애를 쓰는 한, 하나님은 항상 우리를 바라보고 계십니다. 때로는 우리가 하나님의 편이 되어서 세상을 거슬러 싸우다가 고난을 당하거나 박해를 당할 때에는 더더욱 하나님의 눈길이 우리에게 집중될 것입니다. 비록 우리가 느끼기에는 하나님이 우리에게 아무런 간섭도 하지 않으시는 것 같고 심할 때에는 정말 하나님이 계시는가에 대해 외치고 우리에게 아무런 관심도 없는 것처럼 생각되어 허무한 생각만 가득하겠지만 그때에는 하나님은 오히려 더 깊은 관심을 가지고 우리를 살피고 계십니다.

하나님의 관심은 우리가 상황 속에서 느끼는 그것과는 별로 관계가 없어 보일 것입니다. 우리는 우리가 피부로 느끼는 부분만을 생각하지만 하나님은 우리의 마음과 태도에 따라 관심의 정도를 결정하십니다. 우리가 하나님의 말씀을 항상 생각하고 예수님의 마음을 품고 예수님의 시선으로 세상을 살펴보고 예수님의 손발이 되어 이웃들을 돌보고 있는 이상 하나님은 우리에게 지대한 관심을 보이십니다. 우리의 삶이 성공적인가 실패작인가, 많은 사람들이 따르는가 외로운가, 결과가 풍성한가 빈약한가 하는 점들과 하나님의 눈길은 전혀 무관해보일 때가 많습니다.

그러나 하나님은 우리에게 임하실 가장 적절한 시간을 보고 계실 뿐이지 관심이 없는 것이 아닙니다. 언제 개입하실 때 우리가 가장 복된 순간이고 우리가 하나님 앞에 얼마나 온전하게 되는 시간인지를 지켜보고 계시는 것입니다. 말씀과 무관하게 살면서도 잘 되고 복을 누리는 것처럼 보이는 사람들은 어떻게 되는 것입니까? 하나님은 그런 사람에게서는 눈길을 거두어가 버리십니다. 아무 간섭도 하지 않으십니다. 그냥 내버려두십니다. 하나님과 관계없는 사람이라는 것입니다. 우리가 믿음으로 인하여 어려움을 당하고 있다면 하나님의 눈은 틀림없이 항상 우리 위에 있을 것입니다.

"또한 그들이 마음에 하나님 두기를 싫어하매 하나님께서 그들을 그 상실한 마음대로 내버려 두사 합당하지 못한 일을 하게 하셨으니"(롬 1:28)

적용하기 : 당신이 어려움을 당할 때 하나님께서 여전히 당신을 바라보시는 것을 경험한 적이 있습니까? 혹시 건성으로 신앙생활을 하는데 모든 것이 잘 되고 있는 것은 아닙니까?

❷ 베푸신 규례와 법도

핵심구절 : "너희가 요단을 건너 너희의 하나님 여호와께서 너희에게 주시는 땅에 들어가서 그 땅을 차지하려 하나니 반드시 그것을 차지하여 거기 거주할지라 내가 오늘 너희 앞에 베푸는 모든 규례와 법도를 너희는 지켜 행할지니라"(신 11:31~32)

아담과 하와에게 에덴동산의 모든 것은 먹어도 되지만 선악나무의 열매만은 결코 먹지 말라고 하신 것은 아담과 하와를 에덴동산에 가두어두고 일일이 간섭하시기 위한 것이 아니었습니다. 선악열매 금지는 하나님의 놀라우신 은혜였고 베푸신 사랑이었습니다. 왜냐하면 선악나무 열매를 먹으면 (영적으로) 죽어서 마귀의 밥이 되어버리기 때문입니다. 아무런 규제도 하지 않으시고 마음대로 모든 것을 하라고 내버려두신다면 거기에는 하나님의 사랑과 은혜가 개입될 여지가 없습니다. 이스라엘에게 주신 율법과 규례와 법도는 백성들을 힘들게 하기 위한 것이 아니라 가장 큰 은혜와 사랑을 누리게 하시기 위한 엄청난 배려였습니다. 다른 민족에게는 그런 율법을 주신 일이 없습니다.

성경말씀은 하나님께서 그리스도인들에게 주시는 놀라운 선물입니다. 그 말씀을 보석처럼 귀하게 여기고 생명처럼 목숨을 다하도록 지켜야 하는 도리로 생각한다면 생명과 평안과 복과 기쁨과 행복을 우리에게 부어주실 것입니다. 하지만 이 성경말씀을 하나의 도덕이나 지켜야 할 규칙으로 생각하거나 자기가 받고 싶고 믿고 싶은 것만 골라서 적용하려고 한다면 그냥 종교를 믿는 것과 같을 것입니다. 성경에서 생명을 다하여 죽기까지 복종하라고 했다면 그대로 하기만 하면 성경에서 약속하신 모든 것을 받을 수 있습니다. 그러나 성경말씀에서 제시하는 내용을 비현실적이거나 우리가 도달할 수 없는 경지라고 치부해 버린다면 성경의 약속은 우리에게 전혀 이루어지지 않을 것입니다. 또는 성경말씀을 자기가 복을 받기 위한 수단이나 과정쯤으로 생각해도 마찬가지입니다. 모든 성경말씀은 우리에게 어렵게 느껴지는 것이라도 하나님께서 은혜로 베푸신 것입니다. 말씀 그대로 믿고 받고 실천해야 하는 이유입니다.

"그런즉 율법은 무엇이냐 범법하므로 더하여진 것이라 천사들을 통하여 한 중보자의 손으로 베푸신 것인데 약속하신 자손이 오시기까지 있을 것이라"(갈 3:19)

적용하기 : 당신은 성경말씀을 대하면서 자신도 모르게 옆으로 빼놓거나 지나치거나 무의식적으로 건너뛰어 버리는 경우가 없습니까? 몇 가지만 발견해내기 바랍니다.

하나님의 마음 :

말씀은 비현실적으로 보이기 때문에 받아들이기 힘듭니다. 그러나 하나님은 현실적으로 개입하시는 분입니다. 하나님의 간섭하심을 가장 크게 느낄 때는 언제였습니까?

오늘 받은 은혜 :

전체적으로 당신이 받은 은혜와 느낌을 기록해보십시오.

실천을 위한 도전 : (기도하여 성령님의 인도하심을 받으십시오.)

당신 앞에는 지금도 두 가지 갈림길이 놓여있습니다. 모든 것이 하나님의 은혜임에도 그렇습니다. 당신이 그릇 선택했던 것을 발견하고 한 가지부터 바꾸기 바랍니다.

12
온전한 하나님 섬김

신명기 12:1~32

본문 개론

앞장까지 과거의 역사를 통해 왜 이스라엘이 하나님의 명령에 순종해야 하는지에 대해서 주로 이야기를 펼쳤다면 본장에서부터는 가나안 땅에 들어갔을 때 실질적으로 적용해야 할 규례와 법도들에 관해 좀 더 구체적으로 해석하여 들려줍니다. 본장에서는 먼저 가나안에 들어갔을 때 그 땅의 모든 우상과 제단을 부숴버릴 것을 명하며, 아울러 이스라엘이 하나님께 제사를 드릴 때에는 하나님께서 지정하신 유일한 성소에 와서 지정해주신 방법대로 드릴 것을 명합니다. 그리고 짐승을 잡아먹는 방법과 아울러 피를 절대로 먹지 말라고 엄명을 내리십니다. 마지막으로 그 어떤 우상에게도 절하지 말아야 할 것을 다시 한 번 강조하는 내용입니다. 이상과 같은 내용은 앞의 다른 성경에서 반복적으로 말씀하신 내용이지만 이제 막 가나안 정복을 앞두고 있는 새로운 세대의 백성들에게 좀 더 현실적으로 풀어서 잘 설명하고 있습니다.

본문 구성

가나안의 모든 우상을 찍어버리라.	(1~3)
유일한 중앙 성소에서만 제사하라.	(4~14)
짐승의 피를 먹지 말라.	(15~28)
우상에게 제사하지 말라.	(29~32)

본문 적용

레위기의 명령에서 다소 완화된 규례를 살펴볼 수 있습니다. 레위기에서는 제사용이든 식용이든 짐승을 잡을 때는 반드시 성막 울타리 안으로 가지고 가서 잡은 후에 피와 기름을 화목제로 드리고 나서 그 고기를 먹을 수 있도록 규정하였는데, 본장에서는 각 성에서 각자가 원하는 대로 가축을 잡아 고기를 먹되 다만 피는 물같이 땅에 쏟아버릴 것을 명하셨습니다. 왜 하나님의 엄명이 이렇게 바뀌는 것일까요? 그것은 광야에서의 생활과 가나안 정복 후의 각 성에서의 생활이 완전히 변화될 것이기 때문입니다. 광야에서는 성막을 중심으로 진을 짜고 지파별로 장막에 거하였기 때문에 언제라도 가축을 잡으려면 성막에 끌고 와서 잡을 수가 있었습니다. 그러나 이제 가나안 땅에 들어가면 각 지파들이 여기저기 흩어질 것이기 때문에 도저히 가축을 잡을 때마다 성소에 와서 잡을 수가 없게 되는 것입니다. 똑같은 하나님의 명령이라도 시대나 조건이 현격하게 바뀌면 처음처럼 적용할 수 없는 경우가 많이 발생할 것입니다. 진리는 본질은 전혀 변하지 않는 한도 안에서 다양한 나라와 개인에게 적합하게 바뀔 수가 있습니다.

❶ 그 이름을 그곳에서 멸하라.

핵심구절 : "너희가 쫓아낼 민족들이 그들의 신들을 섬기는 곳은 높은 산이든지 작은 산이든지 푸른 나무 아래든지를 막론하고 그 모든 곳을 너희가 마땅히 파멸하며 그 제단을 헐며 주상을 깨뜨리며 아세라 상을 불사르고 또 그 조각한 신상들을 찍어 그 이름을 그 곳에서 멸하라"(신 12:2~3)

오늘날 이런 명령을 내리신다면 그것은 과연 그대로 순종해야 하는 명령일까요? 물론 출애굽 시대의 이스라엘처럼 여호와 신앙의 공동체로서의 국가였다면 이것은 정당한 명령입니다. 이스라엘 이외의 모든 나라들은 전부가 우상 숭배하는 나라이며 하나님을 거부하는 민족들이기 때문입니다. 그런 모든 나라들은 이방나라이며 하나님과 적이 되거나 원수가 되는 존재들입니다. 그러나 오늘날에는 한 나라 안에서도 각종 우상숭배가 활개를 치고 있고 기독교와 적대적인 관계에 있는 많은 나라들이 있는데 하나님께서 이런 명령을 문자 그대로 내리지는 않으실 것입니다.

출애굽시대에는 구분이 분명하기 때문에 이런 명령이라도 타당하지만 다양한 상황 가운데 놓여있는 현대 그리스도인들에게 이것을 그대로 명할 수는 없습니다. 예를 들어 단군상을 깨뜨려버리거나 불상을 무너뜨리는 것 등입니다. 예외적인 경우도 있겠지만 오늘날에는 이 명령이 유효하다고 할 수 없습니다. 그러면 이 명령을 어떻게 적용해야 하겠습니까? 더 혼란스럽고 더 분별하기 어렵기는 하지만 오늘날에도 대개 영적 문제들이 문화를 통하여 침투하는 경우가 많기 때문에 영적 분별력과 복음전파를 위하여 그 문화를 이해하려는 노력 외에는 세상 문화를 허용하지 않는 방향으로 나아가야 할 것입니다. 그 대신 복음적인 문화를 창조해 나감으로써 보이는 복음으로서의 기능을 나타내야 할 것입니다.

적용하기 : 그리스도인으로서 세상에 복음을 나타내 보여줄 수 있는 문화를 창조하는 것이 현대 신앙인들이 할 일입니다. 당신은 얼마나 세상 문화에 젖어 있습니까?

❷ 레위인을 버리지 말라!

핵심구절 : "오직 네 하나님 여호와께서 택하실 곳에서 네 하나님 여호와 앞에서 너는 네 자녀와 노비와 성중에 거주하는 레위인과 함께 그것을 먹고 또 네 손으로 수고한 모든 일로 말미암아 네 하나님 여호와 앞에서 즐거워하되 너는 삼가 네 땅에 거주하는 동안에 레위인을 저버리지 말지니라"(신 12:18~19)

문자 그대로 해석해서 현대판 제사장, 레위인으로 불리는 목사, 선교사 등 사역자를 저버리지 말라는 것이 아닙니다. 목사나 선교사는 현대판 제사장이나 레위인이 아닙니다. 오늘날에는 그리스도를 섬기는 모든 그리스도인들이 전부 제사장들이고 레위인들입니다. 그러면 이것은 누구에게 주시는 명령일까요? 물론 가나안 땅을 정복할 새 세대 백성들에게 주시는 말씀입니다. 레위인들은 제사장들을 도와서 제사가 온전하게 드려지도록 협력하는 사람들입니다. 이들은 다른 분깃이 없고 생업을 가질 수 없었으며 오로지 백성들의 십일조와 절기의 잔칫날에 레위인들을 초청하는 규례를 만들어 그들의 생계를 제도적으로 보장하도록 하셨습니다.

이 레위인들은 반드시 필요한 존재들이었습니다. 모든 제사를 레위인들의 도움 없이 제사장들의 힘만으로 드릴 수가 없습니다. 가나안 땅에서는 각 지파마다 레위인들이 거주하는 성읍이 있는데 이들이 율법을 가르치고 백성들이 바른 길로 갈 수 있도록 인도하는 역할을 감당합니다. 그러므로 백성들은 레위인들의 생계를 책임져야 하고 반드시 레위인들과 함께 즐기고 함께 누려야만 했습니다. 오늘날 우리 모든 그리스도인들은 서로서로 레위인들입니다. 각자의 기능과 역할에 차이가 있을지라도 모두가 제사장들이고 레위인들입니다. 내가 할 수 없는 일을 다른 레위인들이 합니다. 서로서로 백성이 되고 레위인이 되어서 서로를 저버리면 안 됩니다. 물론 각자가 레위인의 역할을 감당하고 있어야 합니다. 우리 레위인으로서의 그리스도인들은 하나가 되어야 합니다.

> "아버지여, 아버지께서 내 안에, 내가 아버지 안에 있는 것 같이 그들도 다 하나가 되어 우리 안에 있게 하사 세상으로 아버지께서 나를 보내신 것을 믿게 하옵소서"(요 17:21)

적용하기 : 당신은 자신이 신약교회의 레위인임을 믿고 있습니까? 레위인으로서 부족한 부분이 무엇인지를 연구해보십시오.

하나님의 마음 :

하나님은 잠시라도 온전하게 하나님을 사랑하기를 원하십니다. 당신이 정말로 목숨까지라도 아끼지 않고 하나님을 사랑하던 때가 있었습니까? 지금은 어떻습니까?

오늘 받은 은혜 :

전체적으로 당신이 받은 은혜와 느낌을 기록해보십시오.

실천을 위한 도전 : (기도하여 성령님의 인도하심을 받으십시오.)

당신의 심령 중앙에 성전을 모시고 있습니까? 모든 삶의 모습들이 그 성전에서부터 비롯되고 있습니까? 그렇지 못한 것 한 가지만 생각해서 다시 성전으로 옮겨놓기 바랍니다.

13
내부의 우상숭배를 막으라

신명기 13:1~18

본문 개론

가나안을 정복하면 그 땅의 우상들과 제단들을 무너뜨리라는 앞장의 명령에 이어서 본장에서는 외부의 우상숭배의 요소가 아니라 내적으로 발생하는 거짓 종교의 요소들을 제거하라는 명령을 내리고 있습니다. 어떤 의미에서는 외적인 우상숭배의 유혹보다 내적인 거짓 종교의 유혹이 이스라엘 전체에 더 위협적이 될 수 있습니다. 그것은 율법에서도 누룩을 극히 조심하라는 말씀과 일치되는 원리입니다. 본장에서는 거짓 선지자나 예언자들에 의한 우상숭배의 유혹을 철저하게 배격하고 그들을 죽이라는 명령이 먼저 나옵니다. 그리고 가족이나 친구 등 가까운 사람들의 유혹을 배격하고 그들을 돌로 쳐 죽이라는 명령이 나옵니다. 마지막으로 어떤 성읍에서 일어난 군중들의 우상숭배를 철저하게 진멸할 것을 명하고 있습니다. 하나님 이외에 가짜 신을 향한 유혹은 인간의 심령 가운데 얼마나 뿌리가 깊은지 하나님께서 자나 깨나 우상숭배를 배격하라는 명령을 거듭하고 계십니다.

본문 구성

미혹하는 거짓 선지자를 처단하라. (1~5)
우상의 길로 유혹하는 자를 척결하라. (6~11)
우상을 숭배하는 성읍을 진멸하라. (12~18)

본문 적용

주변의 친지나 친구나 이웃들과 좋은 관계를 유지하는 일은 아주 귀한 일입니다. 그들의 이야기를 들어주고 삶을 나누며 그들의 필요에 관심을 가지고 품어준다면 그런 행동들은 그리스도인으로서 훌륭한 삶이라고 하지 않을 수가 없습니다. 그러나 인간적인 친밀함이나 사랑의 나눔이 복음적 가치와 맞지 않을 때에는 단호함이 있어야 참 그리스도인이라고 할 수 있습니다. 어차피 우리는 세상 속에서 세상과 어울리면서 살아가야 할 사람들이지만 세상이 가지고 있는 가치관이나 목표 등과 부딪칠 수밖에 없게 되어 있습니다. 그렇기 때문에 아무리 가까운 관계라고 할지라도 부딪치는 면이 반드시 드러나게 됩니다. 만약에 세상과 아무런 문제 없이 잘 살아가고 있다면 그것이 오히려 문제입니다. 복음적으로 살고 있지 못하다는 반증이기 때문입니다. 세상은 아무리 선해보여도 그들이 나아가는 길은 우상숭배의 길일 수밖에 없습니다. 착하거나 선한 일을 하는 것만으로 천국에 가는 것이 아니지 않습니까? 하나님과 반대편에 서는 것이 우상을 섬기는 길입니다. 우리의 삶 가운데 꼭 무슨 미신을 믿어서가 아니라 세상의 가치를 따라가는 것이 우상숭배와 같은 방향이기 때문입니다.

❶ 너희를 시험하심이라.

핵심구절 : "너는 그 선지자나 꿈꾸는 자의 말을 청종하지 말라 이는 너희의 하나님 여호와께서 너희가 마음을 다하고 뜻을 다하여 너희의 하나님 여호와를 사랑하는 여부를 알려 하사 너희를 시험하심이니라"(신 13:3)

하나님께서 우리를 직접 시험하시는 경우는 드물 것입니다. 그러나 하나님의 시험과 똑같은 목적과 과정과 결과를 가져올 수 있는 순간들은 수없이 우리들 앞을 가로막고 있습니다. 오늘도 우리가 어떤 선택을 하는가에 따라 하나님의 시험에 통과하는 것일 수도 있고 가로막혀서 똑같은 시험들을 반복하는 것일 수도 있습니다. 물론 우리가 일상에서 날마다 선택하는 일이 반복되는 상황에서 무엇을 선택하는가의 문제는 성도들 자신에 따라 다양하게 나타날 수 있습니다. 무슨 음식을 먹는가, 어떤 일을 선택하는가, 어떤 취미를 가지는가 등은 시험이 될 수가 없습니다. 그러나 사람을 어떻게 대하는가, 어떤 목적과 동기를 가지는가, 어떤 의도를 가지고 행동하는가, 감정과 욕심을 채우기 위해 무엇을 선택하는가 등은 전부 하나님의 시험과 관련되어 있으며 그것이 바로 영적 싸움인 것입니다.

사람들은 꿈이나 신비한 현상 등으로 하나님과 대적하는 길을 제시하면 유혹받기 쉽습니다. 현실적인 이야기가 아니라 영적 현상이므로 더 현혹되기 때문입니다. 현실적인 이야기라고 해서 우상숭배의 요소가 없는 것은 전혀 아니지만 신비한 초자연적 현상으로 여겨지면 귀를 기울이거나 혼란스러워하게 되어 있습니다. 마귀는 이런 전략을 써서 우상숭배나 혹은 이단사상으로 빠져들게 하는 것입니다. 기독교 이단들이 현대판 우상숭배라고도 할 수 있을 것입니다. 그러나 아무리 기적적인 현상이라고 하더라도 성경에서 조금만 벗어나면 명백한 우상이라는 사실을 알아야 합니다. 왜 하나님께서 여러 번 반복하여 우상숭배에 대하여 이토록 강경하게 경고하시겠습니까? 그만큼 사람들이 잘 빠져들기 때문이 아니겠습니까? 하나님의 직접적인 시험이 아니라 마귀의 간접적인 유혹은 언제나 하나님의 시험입니다. 예수님도 마귀에게서 물질욕구, 명예욕구, 권력욕구로 시험받으셨습니다.

> "내 형제들아 너희가 여러 가지 시험을 당하거든 온전히 기쁘게 여기라 이는 너희 믿음의 시련이 인내를 만들어 내는 줄 너희가 앎이라 인내를 온전히 이루라 이는 너희로 온전하고 구비하여 조금도 부족함이 없게 하려 함이라"(약 1:2~4)

적용하기 : 당신이 시험에서 승리한 경우의 이야기와 실패한 경우의 이야기를 해보고 실패의 이유를 설명해보십시오.

❷ 악을 다시는 행하지 못하리라.

핵심구절 : "그는 애굽 땅 종 되었던 집에서 너를 인도하여 내신 네 하나님 여호와에게서 너를 꾀어 떠나게 하려 한 자이니 너는 돌로 쳐 죽이라 그리하면 온 이스라엘이 듣고 두려워하여 이 같은 악을 다시는 너희 중에서 행하지 못하리라"(신 13:10~11)

가까운 사람이지만 우상숭배의 길로 유혹하는 자를 모든 백성들이 모여서 돌로 치라는 명령은 실제로 고대 이스라엘에서 시행되었던 법이었고 지금도 중동지방에서는 이와 유사한 형벌이 내려지기도 합니다. 그렇게 명령하시는 하나님의 의도는 그런 형벌을 목격하고 다시는 동일한 범죄를 저지르지 말라는 뜻입니다. 그렇게 직접적인 현장을 목격하면 아마 각성하는 마음이 클 것이고 우상숭배의 죄를 심각하게 받아들일 것입니다. 그런데 이스라엘은 출애굽의 과정을 통하여 이런 장면을 여러 차례 경험했지만 그럼에도 불구하고 이들은 또 동일한 우상숭배에 빠져 많은 사람들이 벌을 받고 죽어갔습니다. 하나님과 반대편으로 가는 직접적, 육체적 유혹은 그만큼 인간에게는 치명적입니다.

오늘날에는 이런 모습들이 잘 드러나지 않는 시대이기 때문에 하나님의 경고가 성도들에게 잘 반영되지 않을 때가 많습니다. 그렇기는 하지만 영적 시대인 오늘날에는 개인에게 더 큰 책임이 지워질 것입니다. 왜냐하면 예수님을 그리스도로 받아들인 사람에게는 성령님께서 내주하시기 때문입니다. 우리는 성령님으로 인하여 하나님과의 교통이 항상 이루어지는 사람들입니다. 구약에서처럼 모세나 선지자나 제사장들의 경고를 듣지 않아도 얼마든지 하나님의 경고를 들을 수 있습니다. 게다가 하나님의 직접적인 명령인 성경말씀이 있습니다. 성령님이 아니시더라도 성경말씀만으로도 우리에게 늘 경고하십니다. 그렇기 때문에 그 책임이 더 막중하다는 것입니다. 우리는 우리 심령 속에서 성령님의 경고를 들어야 합니다. 성경 말씀에서 눈에 보이는 경고를 읽어야 합니다. 그러기 위해서는 우리의 욕심과 고집과 생각을 버려야 합니다. 나의 경험과 지식과 권세를 내려놓아야 합니다. 우리 자신을 내려놓으면 내려놓을수록 우리는 하나님의 경고를 더 잘 들을 수 있습니다. 하나님은 지금도 우리에게 경고하고 계십니다.

"그 후에 예수께서 성전에서 그 사람을 만나 이르시되 보라 네가 나았으니 더 심한 것이 생기지 않게 다시는 죄를 범하지 말라 하시니"(요 5:14)

적용하기 : 너무 많은 정보와 지식으로 말미암아 하나님의 경고를 잘 듣지 못하는 것이 현대 신앙인들입니다. 당신은 하나님의 경고와 주의와 권면을 얼마나 잘 듣고 받아들이고 있습니까?

하나님의 마음 :

그릇된 길을 가려는 아이를 막지 않거나 잘못된 길로 가도록 유혹하는 사람을 배격하지 않는 부모는 없습니다. 당신의 주변에는 하나님과 반대편으로 유혹하는 사람이 없습니까?

오늘 받은 은혜 :

전체적으로 당신이 받은 은혜와 느낌을 기록해보십시오.

실천을 위한 도전 : (기도하여 성령님의 인도하심을 받으십시오.)

그리스도인은 모든 사람을 사랑하고 관용해야 하지만 우상숭배와 관련해서는 무조건 막아야 합니다. 당신의 주변에서 이와 깊이 관련되는 사람이나 조건을 이야기하고 그것을 물리치십시오.

14
음식과 십일조 규례

신명기 14:1~29

본문 개론

앞에서 순수신앙을 수호하기 위한 여러 가지 조처를 강조한 모세는 본장에서는 백성들의 생활의 거룩함을 유지하기 위한 세 가지 규례와 십일조에 관한 규례를 제시하고 있습니다. 우선 죽은 자를 위해 애도할 때 우상숭배자들처럼 자기 몸을 칼로 베거나 이마 위 머리털을 밀지 말라고 합니다. 두 번째는 각종 짐승, 새, 물고기들 중에서 먹을 수 있는 것과 먹어서는 안 되는 것을 구별하라고 했습니다. 세 번째는 스스로 죽은 짐승을 먹지 말고 염소새끼를 어미의 젖에 삶지 말라고 합니다. 십일조에 관한 규례에서는 첫 번째 십일조는 성전관리와 레위인들의 생활을 위해서 주어졌고 그 중 10분이 1은 제사장의 몫이었습니다. 두 번째 십일조는 나머지 중에서 드리는데 자기 권속들과 레위인들이 함께 즐거워하며 먹도록 했습니다. 그리고 3년마다 한 번씩은 레위인들뿐 아니라 고아와 과부들 모두 모여서 음식을 먹도록 명하셨습니다. 매 7년은 안식년이기 때문에 수확이 없었고, 따라서 7년에 두 차례씩 구제를 위하여만 십일조가 사용되었던 것입니다.

본문 구성

죽은 자를 위한 금지된 애도법 (1~2)
정한 짐승과 부정한 짐승을 구별하라. (3~21)
십일조와 구제법 (22~29)

본문 적용

하나님의 자녀들을 성도라고 부르는데 그것은 '거룩한 무리들'이라는 뜻입니다. 하나님께서 특별히 선택하여 세상과 구별하시고 하나님의 자녀를 삼으신 것입니다. 따라서 그리스도인은 세상과는 다른 방식의 삶을 살아야 합니다. 오늘날에는 교회에서 예배드리고 활동하는 모습으로 기독교인과 비기독교인을 구별하지만 사실 그 기준은 몹시 잘못된 것입니다. 기독교인들 자신이 이런 의식을 가지고 있기 때문에 세상과 거의 구별되지 못하는 지경에 다다랐던 것입니다. 교회에 다니는 것 이외에는 세상과 다른 점이 없다면 그것은 몹시 슬픈 일이고 우리가 얼마나 잘못 살고 있는가를 증명하는 것일 뿐입니다. 우리의 삶은 세상 사람들의 삶과 어떻게 달라야 하겠습니까? 우리의 삶의 목적은 하나님께 영광을 돌려드리고 그리스도의 복음을 삶에서 드러내는 것입니다. 이스라엘이 가나안 땅에 들어가서 장례문제, 음식문제, 구제문제 등과 관련하여 행해야 할 도리를 설명하는 것이 본장의 내용입니다. 그 시대에는 이것만으로도 충분히 거룩한 삶이 될 수 있었지만 오늘날에는 구별된 언어와 행동과 삶의 모습을 보여주어야만 합니다.

❶ 네 하나님 여호와의 성민

핵심구절 : "너희는 너희 하나님 여호와의 자녀이니 죽은 자를 위하여 자기 몸을 베지 말며 눈썹 사이 이마 위의 털을 밀지 말라 너는 네 하나님 여호와의 성민이라 여호와께서 지상 만민 중에서 너를 택하여 자기 기업의 백성으로 삼으셨느니라"(신 14:1~2)

실생활에서의 거룩함에 대한 첫 번째 명령이 왜 죽은 사람을 애도하는 일에 관해서일까요? 그것은 이방인들이 애도하는 모습은 창조주 하나님을 모르는 고대 사람들에게서 나타나는 공통적인 풍습이기 때문입니다. 곧 그런 모습들은 여호와의 성민이 아닌 사람들의 특징이므로 그것을 따르지 말고 성민답게 하라는 것입니다. 그렇다고 각 민족마다 특징적인 모든 장례문화를 거부하라는 것이 아닙니다. 우상숭배와 관련된 모든 것을 거부하라는 것입니다. 이방인들은 저승의 신들을 달래기 위한 방편으로 자해행위를 일삼았습니다. 또한 살아있는 사람들에게 자신의 극한 슬픔을 보이려고 자해를 저지르는 것입니다.

이것은 물론 귀신들을 섬기는 것과 동일하므로 하나님의 백성으로서 마땅히 배격해야 합니다. 고행주의는 고행을 통하여 귀신을 움직이고 사람들의 동정심과 지도력을 얻으려는 의도로 행해지는 것이기 때문입니다. 또한 바알의 신에게 제사할 때 이런 일을 일삼기도 합니다. 하나님의 사람들은 자기 몸을 사랑할 줄 알아야 합니다. 자신을 자학하거나 열등감에 빠져서 자기를 비하시키는 일은 그리스도인으로서 적합하지 못한 행위입니다. 그것은 역시 하나님을 믿지 못하는 것과 같은 것입니다. 우리는 하나님께서 지으신 아름답고 고귀한 몸과 영혼의 주인공으로서 우리 몸을 통해서도 하나님의 영광을 드러낼 수 있어야 합니다.

"그러므로 형제들아 내가 하나님의 모든 자비하심으로 너희를 권하노니 너희 몸을 하나님이 기뻐하시는 거룩한 산 제물로 드리라 이는 너희가 드릴 영적 예배니라"(롬 12:1)

적용하기 : 이방인의 장례를 지적하고 배격하는 데에서 그치지 말고 우리 몸을 하나님의 거룩한 일에 사용하도록 해야 합니다. 당신이 거룩하지 못한 일에 동참하는 경우는 어떤 것입니까?

❷ 십일조는 이웃사랑

핵심구절 : "매 삼 년 끝에 그 해 소산의 십분의 일을 다 내어 네 성읍에 저축하여 너희 중에 분깃이나 기업이 없는 레위인과 네 성중에 거류하는 객과 및 고아와 과부들이 와서 먹고 배부르게 하라 그리하면 네 하나님 여호와께서 네 손으로 하는 범사에 네게 복을 주시리라"(신 14:28~29)

성경에서 십일조에 대한 규례는 농산물과 축산물에 대해서 부과되는 것으로 나오는데, 거의 10분의 2에 대한 수확물을 드리는 것으로 되어 있습니다. 첫 번째 십일조를 드리고 남은 10분의 9에서 다시 제2의 십일조를 드려 가족들과 레위인들에게 축제로 베풀기 위해 사용되었습니다. 그 가운데 3년에 한 번씩은 성읍에 저축하여 레위인들과 소외된 모든 계층의 사람들이 와서 먹고 배부르게 하라고 했습니다.

그러면 십일조의 근본적인 목적을 무엇이라고 할 수 있겠습니까? 물론 십일조는 하나님께 바치는 기본적인 의무이지만 제1의 십일조가 레위인들과 제사장들을 위해서 사용되었다면 제2의 십일조는 온전히 자신들과 이웃들을 위해 사용하도록 하신 것을 생각한다면 십일조의 기본정신은 이웃사랑인 것입니다. 제1의 십일조도 역시 자기 유업을 받지 못한 레위인들을 위해 사용하는 것이므로 십일조의 기본방향은 성전관리 외에는 모두가 이웃사랑의 실천이어야 하는 것입니다. 오늘날 이 십일조의 기본정신이 잊혀졌습니다. 가능하다면 제2의 십일조를 드려서 온전하게 구제에 사용될 수 있도록 해야 합니다. 우리가 십일조를 드릴 때에도 이웃에게 사용된다는 기대를 가져야 할 것입니다.

"화 있을진저 외식하는 서기관들과 바리새인들이여 너희가 박하와 회향과 근채의 십일조는 드리되 율법의 더 중한 바 정의와 긍휼과 믿음은 버렸도다 그러나 이것도 행하고 저것도 버리지 말아야 할지니라"(마 23:23)

적용하기 : 꼭 십일조가 아니더라도 소득의 일정 부분을 이웃사랑과 나눔과 섬김에 사용할 수 있어야 할 것입니다. 당신은 구제를 위하여 얼마나 수입을 사용하고 있습니까?

하나님의 마음 :

하나님은 신앙생활과 행동과 삶이 하나가 되기를 원하십니다. 당신에게는 무엇이 가장 부족합니까?

오늘 받은 은혜 :

전체적으로 당신이 받은 은혜와 느낌을 기록해보십시오.

실천을 위한 도전 : (기도하여 성령님의 인도하심을 받으십시오.)

말씀대로 사는 데 있어서 당신에게 가장 모자라는 부분을 한 가지만 선택하여 회복을 시작하기 바랍니다.

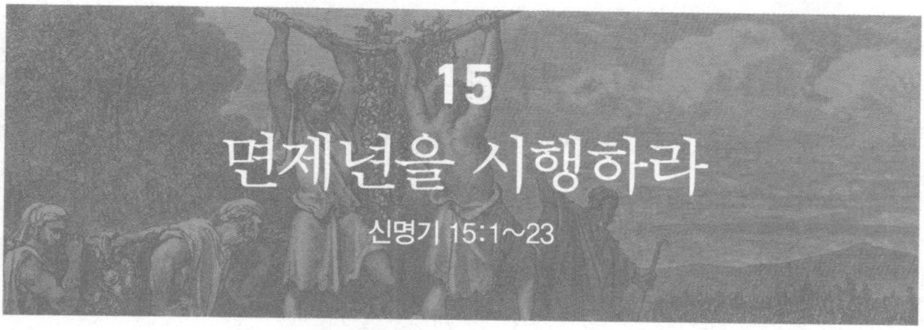

15
면제년을 시행하라

신명기 15:1~23

본문 개론

모세는 계속하여 여호와의 공동체에서 지켜져야 할 실생활의 규례에 대해서 설명하고 있습니다. 모든 목표는 공동체의 하나 됨이고 하나님의 사랑이 흐르는 온전한 세상을 만드는 것입니다. 결국 그 꼭지점은 가난한 자가 없게 되는 것입니다(5). 물론 땅에는 언제라도 가난한 사람들이 사라지지 않을 것입니다. 그러나 그렇기 때문에 오히려 하나님의 공의와 사랑이 더 넓게 적용될 수 있는 것입니다. 저 영원한 천국에 가면 가난한 사람도 없고 부자도 없고 따라서 구제도 없습니다. 본장에서는 가난하여 할 수 없이 빚진 사람들에게 정기적으로 그 빚을 탕감해주는 안식년(면제년)에 관해 기술하고 있습니다. 면제년의 규례를 잘 지키면 하나님은 반드시 이스라엘이 번성하게 해주신다고 하셨습니다.

여기에 대한 해석에는 두 가지가 있는데, 하나는 빚을 탕감해주는 것이 아니라 단지 1년 동안 빚 독촉을 금하는 것이라는 주장이고 다른 하나는 7년마다 완전히 빚을 삭제하는 것이라는 주장입니다. 만약에 빚 독촉만을 유예한다면 그것은 그리 큰 기쁜 소식은 아닐 것입니다. 면제년에는 종도 해방해주는데 빚을 탕감해주지 않겠습니까? 그리고 본장에는 계속하여 하나님의 백성들이라면 가난한 사람들에게 긍휼을 베풀라고 합니다. 계속하여 동족으로서 종이 된 사람은 7년째가 되면 반드시 해방시켜 주어야 한다고 설명하였고, 이런 모든 명령들이 출애굽과 관련이 깊다는 사실을 상기시키기 위해 하나님께 바쳐야 할 초태생에 관한 규례로 마무리하게 됩니다.

본문 구성

면제년의 복을 받으라.	(1~6)
가난한 자를 진심으로 도와주라.	(7~11)
면제년에 히브리 종을 해방하라.	(12~18)
초태생을 구별하라.	(19~23)

본문 적용

이웃사랑은 종으로 묶인 것을 풀어주는 데 있습니다. 돈의 종이 될 수도 있고 육체의 종이 될 수도 있으며 정신적인 속박에 놓인 종이 될 수도 있습니다. 현대사회에서는 육체의 종은 없는 것 같아도 권력이나 물질이나 명예와 같은 것에 묶여서 사실상 육체의 종과 동일한 억압상황에 놓일 수 있습니다. 이웃사랑의 진정한 의미는 이런 모든 속박과 억압에서 자유로워질 수 있도록 협력하는 것입니다. 이 면제년의 모든 규례는 바로 이런 온전한 의미의 이웃사랑에 대한 구체적인 규례를 제시하시는 것입니다. 면제년의 정신을 알지 못하고는 이웃사랑의 참된 의미를 이해할 수가 없습니다. 자기가 가진 것 중 일부를 떼어 나누어준다거나 필요한 사람들을 위하여 섬겨주는 것이 이웃사랑의 행위 중의 하나인 것은 틀림없지만, 이웃을 자기 자신을 사랑하는 것 같이 사랑하라는 율법의 계명과 예수님의 말씀은 이런 개념을 이해하고 난 후에 가질 수 있는 귀한 마음일 것입니다. 예수님은 모든 억압에서 우리를 자유롭게 만드시기 위해 십자가에 달리셨습니다.

❶ 가난한 자가 없으리라.

핵심구절 : "이방인에게는 네가 독촉하려니와 네 형제에게 꾸어준 것은 네 손에서 면제하라 네가 만일 네 하나님 여호와의 말씀만 듣고 내가 오늘 네게 내리는 그 명령을 다 지켜 행하면 네 하나님 여호와께서 네게 기업으로 주신 땅에서 네가 반드시 복을 받으리니 너희 중에 가난한 자가 없으리라"(신 15:3~5)

하나님의 이 약속의 말씀은 사도행전 시대에 성취된 적이 있었습니다. 본문 말씀에서는 안식년에 한해서 빌려준 돈을 탕감해주는 그 명령을 철저하게 다 지키면 주신 땅에서 반드시 복을 받고 가난한 자가 없게 될 것이라는 조건을 말씀하신 것입니다. 사도행전 4장에서는 밭과 집이 있는 성도들이 다 팔아서 사도들에게 가져왔고 사도들은 그것을 성도들의 필요를 따라 다 나누어줌으로써 가난한 사람이 없게 되었다고 했습니다. 그런데 사도행전에서는 그렇게 된 이유에 대해서도 말씀하고 있는데 그것은 무리가 예수님의 부활의 증언을 듣고 나서 큰 은혜를 받았기 때문이라고 말하고 있습니다. 본문에서와 사도행전의 기록의 공통점은 당연히 경제적인 분배의 문제입니다. 가난한 사람이 없을 수는 없으나 그들을 어떻게 생각하고 대우하고 결핍을 채워주는가에 따라 천국이 되기도 하고 지옥이 되기도 합니다.

가난한 사람이 없는 세상은 어떤 세상이겠습니까? 그곳은 천국밖에는 없습니다. 지상에서도 그런 천국을 경험할 수는 있겠지만 그것은 일시적, 한정적인 현상일 뿐입니다. 그럼에도 불구하고 그리스도인은 이 세상을 천국으로 만들어가야 할 사람들입니다. 물론 가난한 사람이 전혀 없게 할 수는 없습니다. 이전 번역 성경에는 사도행전의 '가난한 사람'을 '핍절한 사람'이라고 번역하였습니다. 절대빈곤은 없게 만드는 것이 기독교인들의 책임입니다. 하나님의 나라는 상태를 이루는 것이 아니라 그 상태를 향하여 나아가는 데 있습니다. 나머지는 하나님께서 해주십니다.

"사도들이 큰 권능으로 주 예수의 부활을 증언하니 무리가 큰 은혜를 받아 그 중에 가난한 사람이 없으니 이는 밭과 집 있는 자는 팔아 그 판 것의 값을 가져다가 사도들의 발 앞에 두매 그들이 각 사람의 필요를 따라 나누어 줌이라"(행 4:33~35)

적용하기 : 당신은 가난한 사람을 사라지게 하는 것이 나눔의 목적이라는 사실을 이해하겠습니까? 그런 개념으로 생각한다면 당신은 어떻게 해야 하겠습니까?

❷ 송곳으로 귀를 뚫으라.

핵심구절 : "종이 만일 너와 네 집을 사랑하므로 너와 동거하기를 좋게 여겨 네게 향하여 내가 주인을 떠나지 아니하겠노라 하거든 송곳을 가져다가 그의 귀

를 문에 대고 뚫으라 그리하면 그가 영구히 네 종이 되리라 네 여종에게도 그 같이 할지니라"(신 15:16~17)

이 규례는 자발적인 종이 되려는 사람을 어떻게 처리해야 할지에 대한 내용입니다. 면제년이 되어 종에서 자유를 얻을 수 있는 충분한 기회를 얻었지만 주인과의 관계가 좋고 그 집이 좋아서 죽을 때까지 종으로 남고 싶은 사람에게 귀에 송곳으로 구멍을 뚫어 영원한 종의 표식을 하고 그 송곳은 문설주 등에 계속 꽂아놓게 하는 것입니다. 주인의 배려로 집안에서 결혼하게 된 경우에 면제년을 맞아도 함께 살기로 한 경우가 많은데 그것은 결혼한 아내와 자녀들은 엄연히 주인이 소유이기 때문입니다. 아무튼 그렇다고 하더라도 악한 주인에게는 해당되지 않을 것입니다.

구약의 이 명령도 사실 오늘날의 우리 성도들에게 고스란히 해당된다는 사실을 알아야 합니다. 구약은 신약의 모형입니다. 면제년에 자유롭게 되는 종처럼 우리는 죄의 속박을 받은 마귀의 종들이었습니다. 희년의 명령과 동일하게 예수님은 마귀의 속박에서 우리를 자유롭게 만들어주셨습니다. 우리는 예수 그리스도의 사랑과 은혜와 주신 복을 따라서 오히려 예수님의 종이 되어야 할 사람들입니다. 마귀의 종에게서 해방된다고 해도 자기마음대로 살아간다면 그것은 또 다른 형태로 마귀의 종이 되는 것에 불과하기 때문입니다. 우리는 죄에서 해방되었으나 자원하여 예수님의 뜻을 따라 살아가는 종들입니다. 그러나 그 종은 자유로운 종입니다. 자유롭게 하셨으니 이제는 내가 좋은 대로 세상에서 추구할 것을 그대로 따라가라는 것이 결코 아닙니다. 그렇게 되어서는 진정한 자유인이 될 수 없습니다. 예수님의 마음을 품고 예수님의 뜻을 이루어 나가는 사람이 진정한 자유인입니다.

"형제들아 너희가 자유를 위하여 부르심을 입었으나 그러나 그 자유로 육체의 기회를 삼지 말고 오직 사랑으로 서로 종노릇하라"(갈 5:13)

적용하기 : 말씀대로 산다고 하면 굉장히 억압적이고 율법적으로 느껴지기 쉽지만 자유로운 종이라면 오히려 즐겁고 타당하게 느껴질 것입니다. 당신은 자유로운 종입니까, 억압적인 종입니까?

하나님의 마음 :
하나님은 이 땅에서 에덴동산을 회복하기를 원하십니다. 불완전할지라도 그것이 목표가 되어야 합니다. 세상에 에덴을 회복하기 위해 당신이 할 일은 무엇이겠습니까?

오늘 받은 은혜 :
전체적으로 당신이 받은 은혜와 느낌을 기록해보십시오.

실천을 위한 도전 : (기도하여 성령님의 인도하심을 받으십시오.)
예수님의 보혈로 인하여 모든 속박에서 벗어난 당신이 하나님과 이웃의 자유를 위해 할 수 있는 일을 찾아보고 한 가지만 실천하기 바랍니다.

16

세 가지 절기

신명기 16:1~22

본문 개론

지속적으로 이방민족과는 구별된 선민으로서의 내적, 외적 표지들을 설명한 후에 본장에서는 그런 모든 거룩한 삶을 전제로 하여 모든 백성들이 한 곳에 모여서 지켜야 하는 3대 절기에 관해 핵심을 잘 정리해서 설명하고 있습니다. 유월절과 무교절은 이스라엘이 출애굽하던 날에 급히 떠나기 위해 누룩을 넣지 않은 무교병을 구워 먹은 것을 기념하는 절기인데 초점은 누룩을 없애야 한다는 것입니다. 누룩은 유월절과 무교절 내내 떡뿐만 아니라 집안 구석구석 남아있지 않도록 뒤져야 했는데 이 누룩은 후에 죄의 표상으로 사용됩니다. 예수님의 최후의 만찬에 아마 무교병이 사용되지 않았을까 싶습니다.

맥추절 또는 오순절이라고 불리는 칠칠절은 보리와 밀의 추수에 대해 감사하는 절기로 자원하는 예물을 하나님께 드리고 온 백성이 함께 즐거워하는 데 있었습니다. 따라서 레위인과 고아와 과부 등 소외된 사람들까지 다 함께 잔치를 즐기도록 명하셨습니다. 수장절 또는 장막절이라고 불리는 초막절은 1년의 모든 추수를 다 마친 뒤에 드리는 추수감사제와 같은 것이었습니다. 초막절은 집 앞에 초막을 지어놓고 거기에서 7일 동안 기거하면서 광야 40년의 삶과 하나님의 은혜를 기억하는 절기였습니다.

본문 구성

유월절을 지키라.	(1~8)
칠칠절을 지키라.	(9~12)
초막절을 지키라.	(13~17)
공의로 재판하라.	(18~22)

본문 적용

우리 모두에게는 신앙생활에 있어서 공동체적인 여러 행사나 예식 이외에 개인적인 절기들을 가지고 있습니다. 모두에게 유월절도 있고 칠칠절도 있고 초막절도 있다는 말입니다. 마귀의 모든 궤계와 죄악의 구렁텅이에서 벗어난 날, 곧 예수님을 처음으로 믿기 시작한 날이 유월절입니다. 처음 믿고 나서 여러 가지를 배우고 훈련하여 어느 정도 성장하고 하나님의 은혜를 깨닫고 감사하는 마음이 생기기 시작할 때 자원하여 교회에 무엇인가를 드리고 이웃들에게 나누는 일이 생긴다면 그것은 칠칠절과 같은 것입니다. 예를 들어 믿음이 생겨서 자원하여 십일조를 처음으로 드리던 날과 같은 경우일 것입니다. 특별히 어느 해인가 신앙의 어떤 변곡점이 생긴다거나 다른 해보다 놀라운 은혜를 체감한다거나 할 때에는 그 때를 기념하여 매해마다 하나님을 더 높이 찬양드릴 일이 있을 것입니다. 그럴 때가 바로 수장절과도 같은 것입니다. 만약에 그런 은혜가 넘치는 체험들이 여러 번 있음에도 과거의 한 사건으로 넘어가고 있다면 이제부터는 그런 날을 기념하여 매해마다 뜻

있는 일을 기획한다면 우리의 신앙은 더욱 풍성해질 것입니다.

❶ 이름을 두시려고 택하신 곳

핵심구절 : "오직 네 하나님 여호와께서 자기의 이름을 두시려고 택하신 곳에서 네가 애굽에서 나오던 시각 곧 초저녁 해 질 때에 유월절 제물을 드리고 … 너와 네 자녀와 노비와 네 성중에 있는 레위인과 및 너희 중에 있는 객과 고아와 과부가 함께 네 하나님 여호와께서 자기의 이름을 두시려고 택하신 곳에서 네 하나님 여호와 앞에서 즐거워할지니라"(신 16:6, 11)

이스라엘이 가나안 땅을 정복하고 각 지파마다 분배받은 지역에서 살게 되면 서로가 상당히 먼 거리에서 거주하게 될 것입니다. 여러 가지 절기들이 이스라엘을 기다리고 있는데 모든 절기를 전부 중앙에 모여서 행할 수는 없습니다. 광야시대에는 그것이 가능했지만 정착하게 되면 거리 때문에라도 그렇게 하는 것이 불가능해집니다. 그래서 유월절, 칠칠절, 초막절에만 성전이 있는 예루살렘으로 모여서 민족 전체가 전국적인 축제로 지내면서 어려운 이웃들까지 다함께 즐기도록 하신 것입니다. 그런데 모든 백성들이 3대 절기 때마다 모이는 장소를 '하나님 여호와께서 자기의 이름을 두시려고 택하신 곳'이라고 설명했습니다. 여호와께서 자기의 이름을 두시려고 택하신 곳은 성소가 있는 실로, 후에는 성전이 있는 예루살렘을 뜻합니다. 물론 여호와 하나님은 어느 곳에나 계십니다. 심지어 백성들의 마음속에도 계실 수 있으십니다. 그런데도 성소를 가리켜 '하나님 여호와께서 자기의 이름을 두시려고 택하신 곳'이라고 따로 설명한 것입니다. 이곳을 이스라엘 백성들의 삶의 중심이며 여호와께서 계시는 거룩한 곳으로 인정합니다.

오늘날 이 여호와의 이름을 두시려고 선택하신 곳은 어디이겠습니까? 교회일까요? 총회본부일까요? 기독교연합단체가 있는 곳일까요? 다 맞을 수 있지만 동시에 다 틀릴 수도 있습니다. 우선 여호와의 이름은 우리들 모든 성도들의 심령 속에 전부 거하시기 때문에 이것이 없이 그 어디에도 여호와의 이름을 두실 수가 없다는 말입니다. 우리 그리스도인들의 심령은 여호와의 이름이 거하시는 곳입니다. 여호와의 이름은 우리를 통하여 외적으로 드러나게 되어 있습니다. 우리의 심령을 통하여 여호와께서 영광을 받으시기 위해서입니다. 여호와 하나님의 이름을 우리 속에 두셨다면, 곧 진정으로 그리스도를 주로 받아들이기로 결단한 사람이라면 여호와의 이름이 계신다는 증거가 드러나야 합니다. 이런 의식이 없다면 그저 자기 성공과 행복을 위하여 하나님을 이용하는 것밖에는 되지 않습니다. 우리의 심령은 여호와의 이름을 두신 곳입니다.

"너희 몸은 너희가 하나님께로부터 받은 바 너희 가운데 계신 성령의 전인 줄을 알지 못하느냐 너희는 너희 자신의 것이 아니라"(고전 6:19)

적용하기 : 당신의 심령은 여호와의 이름을 두신 곳입니까? 여호와의 이름이 얼마나 자리를 차지하고 있습니까?

❷ 지혜자의 눈과 의인의 말

핵심구절 : “너는 재판을 굽게 하지 말며 사람을 외모로 보지 말며 또 뇌물을 받지 말라 뇌물은 지혜자의 눈을 어둡게 하고 의인의 말을 굽게 하느니라” (신 16:19)

본문은 재판에서의 뇌물을 말하고 있지만, 일반적인 청탁이나 불법적인 일을 성사시키기 위한 선물도 모두가 뇌물에 포함될 것입니다. 뇌물이 얼마나 나쁜 일인지 지혜자의 눈을 어둡게 하고 의인의 말을 굽게 한다고 했습니다. 지혜자의 눈이나 의인의 말이라고 하면 언뜻 어떤 생각이 듭니까? 곧바로 하나님의 말씀이 생각날 것입니다. 말씀이야말로 지혜자를 만들며 의인으로 칭함 받게 하는 것이 아니겠습니까? 인생은 원래 부정하고 우둔하며 미련하고 욕심 많은 존재가 아닙니까? 물론 많은 사람들이 지혜자로 인정하고 의인으로 존경하는 사람들이 존재합니다. 그러나 하나님 없는, 곧 하나님의 말씀이 없는 지혜자와 의인은 단지 인간의 한계 안에 갇혀있는 지혜요 의일 뿐입니다. 하나님의 말씀이 없는 지혜자와 의인은 오히려 하나님과 인간의 관계를 더욱 멀어지게 합니다. 그러므로 하나님의 말씀이 내 속에서 살아있다면 우리가 바로 지혜자의 눈과 의인의 말을 소유하고 있는 사람인 것입니다.

지혜자의 눈을 어둡게 하고 의인의 말을 굽게 만드는 것이 뇌물이라면 그 뇌물을 악으로 인식하고 마귀의 계략임을 깨달으며 그것을 전적으로 금지하는 힘은 어디에서 나올 수 있겠습니까? 그 힘은 오직 여호와의 말씀 밖에는 없습니다. 말씀이 기준이고 말씀이 본질이고 말씀이 목적이고 말씀이 방법이고 그 말씀이 지혜입니다. 말씀을 기준으로 하면 뇌물이 뇌물로 보이고 청탁이 청탁으로 분명하게 보일 것입니다. 그렇다면 뇌물이 지혜자와 의인을 속일 수가 없습니다. 대다수의 경우에 뇌물은 속임수로 유혹하거나 욕심을 자극하는 것으로 침범할 것입니다. 그러나 말씀을 소유한 사람에게는 그것이 전혀 통하지 않습니다. 그렇다고 무작정 암송하거나 기계적으로 많이 아는 지식적인 말씀을 말하는 것은 아닙니다. 말씀을 체험적이고 인격적으로 소유하도록 애를 써야 합니다. 자주 순종하고 실천한다면 말씀은 우리의 것입니다.

"누구든지 그의 말씀을 지키는 자는 하나님의 사랑이 참으로 그 속에서 온전하게 되었나니 이로써 우리가 그의 안에 있는 줄을 아노라 그의 안에 산다고 하는 자는 그가 행하시는 대로 자기도 행할지니라"(요일 2:5~6)

적용하기 : 당신은 말씀을 통하여 지혜를 얻고 의로워진 경험이 있습니까? 한 가지씩 이야기해보십시오.

하나님의 마음 :

하나님은 항상 우리와 동행하기를 원하십니다. 우리가 그것을 거절할 뿐입니다. 당신은 하나님과 얼마나 동행하고 있습니까? 언제 동행한다고 느낍니까?

오늘 받은 은혜 :

전체적으로 당신이 받은 은혜와 느낌을 기록해보십시오.

실천을 위한 도전 : (기도하여 성령님의 인도하심을 받으십시오.)

하나님은 절기를 통하여 하나님의 은혜를 항상 기억할 것을 명하십니다. 당신이 잊고 있는 하나님의 놀라우신 은혜가 있다면 가장 크게 기억하는 것을 다시 한 번 새기고 감사하기 바랍니다.

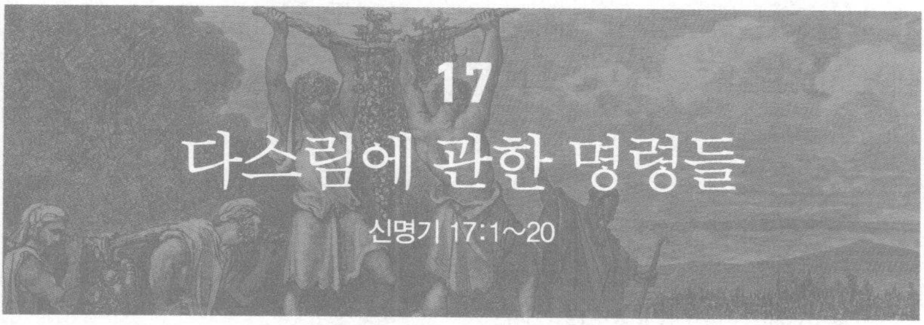

17
다스림에 관한 명령들

신명기 17:1~20

본문 개론

가나안 땅에 들어가서 성민답게 살아야 할 지침들을 제시한 후에 본장에서는 실생활에서 그들에게 적용되어야 할 지도체제에 대해서 말씀하고 있습니다. 그것은 재판장과 왕에 관한 지시였습니다. 이미 16:18에서 재판장들과 지도자들을 두라고 명하였습니다. 모든 명령의 뿌리는 우상숭배척결입니다. 다른 것이 아무리 정의롭고 은혜롭더라도 우상숭배는 모든 것을 뿌리째 뽑아버리기 때문입니다. 그래서 우상숭배를 목격한 증인들로 하여금 직접 처형하도록 함으로써 우상숭배의 무서움과 거짓증언에 대한 경고를 함께 내리게 하였습니다.

이어서 지역 재판장들이 다루기 어려운 문제들은 최고법정에서 최종적인 판결을 내리게 했습니다. 최고법정에서는 오직 하나님의 율법에 의해 판단하고 선고하게 하는데 이 판결을 어긴다면 그 사람도 죽임으로써 여호와의 권위를 두도록 했습니다. 또 언젠가는 백성들이 왕을 요구할 때에 대비한 지시도 내리는데, 여호와께서 선택하신 사람과 이스라엘 사람이라는 조건을 제시합니다. 그리고 왕은 오직 율법을 따라 통치할 것이며 말이나 처첩이나 은금을 많이 쌓지 말 것을 명함으로써 하나님 이외에 다른 것에 마음을 빼앗기지 말도록 경고합니다. 재판장과 왕에 대해서는 신명기의 본장에서 처음으로 등장합니다.

본문 구성

우상숭배자들에게 내릴 형벌	(1~7)
재판의 체계와 영적 권위	(8~13)
왕의 자격과 의무	(14~20)

본문 적용

다스림 곧 정치에 관해서는 백성들의 실제 삶에 상당한 영향력을 끼칠 수밖에 없는데 이 역시 오직 여호와의 율법에 기초한 원칙을 지키지 않으면 안 되었습니다. 재판이든 통치이든 하나님의 말씀이 사라진다면 모든 세상의 그것과 조금도 달라지지 않을 것입니다. 신앙인이면서 정치에서 불신자들이 보여주는 행태와 전혀 다를 것이 없이 한다면 그는 참 신앙인이 아닙니다. 누군가 또는 어떤 세력의 편이 되는 것도 하나님의 말씀에서 어긋나는 행태입니다. 세상에서 어느 누군가의 편이 되면 오직 그 사람의 입장에서만 사리판단을 하게 됩니다. 아무리 옳다고 하더라도 그것은 하나님으로부터 멀어지는 것일 뿐입니다. 모든 경우에 오직 하나님의 말씀을 중심으로 행할 수 있도록 하기 위하여 그것을 훼방하는 모든 요소들을 제거하도록 강조하고 있습니다. 우상숭배의 요소는 당연하지만 지나치게 인간적으로 생각하여 권위의 상징과도 같은 말을 구하러 애굽으로 간다든가 외교를 위하여 처첩들을 많이 거느린다든가 나라의 부강을 위하여 지나치게 은금을 많이 쌓아두는 것 등은 하나님의 율법에 훼방이 되면 되었지 도움이 될 수는 없습니다. 한 나라뿐만 아니라 한 개인에게도 똑같은 원칙이 적용되어야 함을 다시 한 번 새겨야 하겠습니다.

❶ 악을 제하여 버리라.

핵심구절 : "곧 그들이 네게 가르치는 율법의 뜻대로, 그들이 네게 말하는 판결대로 행할 것이요 그들이 네게 보이는 판결을 어겨 좌로나 우로나 치우치지 말 것이니라 사람이 만일 무법하게 행하고 네 하나님 여호와 앞에 서서 섬기는 제사장이나 재판장에게 듣지 아니하거든 그 사람을 죽여 이스라엘 중에서 악을 제하여 버리라"(신 17:11~12)

악을 제하여 버리라는 말씀은 거짓 선지자, 우상으로 유혹한 자, 위증한 자, 부모를 거역한 자, 순결을 잃은 자, 간음한 남녀, 동족을 종으로 만들거나 판 자를 죽이라는 명령이며 동시에 본문에서 재판장을 거역한 자들에게 주어지는 최후의 형벌이었습니다. 마치 누룩을 제거하라고 명하신 것과 똑같은 영적 명령이었습니다. 모두가 신명기에만 나오는 말씀입니다. 전부 십계명에서 지시하신 말씀들입니다. 제1계명에서 3계명까지, 5계명과 7계명, 9계명과 10계명의 위반에 대한 형벌입니다. 이렇게 형벌을 받아야 할 죄들은 실제 삶 속에서 펼쳐지는 죄들입니다. 그것은 각 죄악의 씨앗이 사람의 심령 가운데 들어있다는 것을 의미합니다. 전염병처럼 언제라도 걸려들고 퍼져나갈 수 있다는 뜻이며, 그렇게 되면 이스라엘이라는 신앙공동체는 훼손되고 망가지고 분해되어서 하나님의 성민이라는 특성을 전부 잃어버리게 될 것입니다. 그렇기 때문에 아예 악을 뿌리 뽑아야 한다는 것입니다.

오늘날에는 물론 이렇게 할 수 없습니다. 육체적인 죄는 영적 죄에서 출발하는 것이기 때문에 겉으로 드러나는 육체적 죄악도 당연히 금하고 제거하기 위해 애를 써야 하지만, 그것을 이루기 위해서는 먼저 영적인 죄를 제거하는 방향으로 행해야 할 것입니다. 영적인 죄를 버리지 못하고서는 육체적인 죄의 문제를 근원적으로 해결할 수가 없기 때문입니다. 신약교회 성도들은 어떻게 하든지 죄에 오염되지 않도록 힘써야 하고 죄가 침투해 들어오지 못하도록 영적 싸움을 단단히 해야 합니다. 영적 싸움이라고 해서 우리를 직접적으로 공격하는 악한 세력과 대항하는 싸움만을 말하는 것이 아니라 먼저 우리의 영적 울타리를 단단하게 하는 일도 포함되어 있습니다. 삶의 모든 조건이 영적 침투를 받기 좋게 행해지고 있다면 아무리 죄를 버리고 싶어도 자신도 모르게 죄에 오염될 수밖에 없습니다. 예배를 드리고 말씀을 늘 대하며 기도를 꾸준히 실행하는 목적은 하나님께 영광과 찬양을 올려드리고 영적으로 꾸준히 성장하기 위한 일과 함께 죄와 싸워서 능히 승리할 수 있기 위해서이기도 한 것입니다.

"성령을 소멸하지 말며 예언을 멸시하지 말고 범사에 헤아려 좋은 것을 취하고 악은 어떤 모양이라도 버리라"(살전 5:19~22)

적용하기 : 당신은 감정의 틈으로 악한 죄악의 마음이 침투하는 일을 경험한 적이 없습니까? 죄악된 마음이 생길 때 어떤 방법으로 해결해야 하겠습니까?

❷ 그 길로 다시 돌아가지 말라.

핵심구절 : "그는 병마를 많이 두지 말 것이요 병마를 많이 얻으려고 그 백성을 애굽으로 돌아가게 하지 말 것이니 이는 여호와께서 너희에게 이르시기를 너희가 이 후에는 그 길로 다시 돌아가지 말 것이라 하셨음이며"(신 17:16)

알코올 중독자는 오랫동안 술을 끊고 중독에서 벗어났어도 단 한 모금이라도 술을 마시면 곧바로 알코올 중독으로 빠져 들어갑니다. 이스라엘은 애굽에서 벗어난 지 오래되었고 왕을 요구할 때쯤이면 적어도 수십 년을 지났을 텐데, 병마 곧 전쟁에 사용할 말을 구하기 위하여 다시 애굽으로 가게 되면 과거에 400년 동안 노예생활을 하면서 깊이 물들었던 이방의 풍습과 우상을 따라가게 될 것이 틀림이 없기 때문에 이렇게 명하였던 것입니다. 우리가 일제 강점기 36년 동안 지배를 받았을 뿐이고 그 후 80년이 가깝게 지났는데도 오늘날까지 일제의 잔재가 생활 속에 얼마나 깊이 들어있는지 모릅니다. 전쟁에서 큰 기능을 감당하는 고급 말은 애굽에서 주로 생산되었기 때문에 그 말을 얻으려고 애굽과 친교를 맺으면 곧바로 과거로 돌아갈 수 있다는 말입니다. 그것은 사람의 사고의 뿌리가 죄이기 때문이고 세속이기 때문입니다.

사람에게 좋게 보이는 것은 대개가 세속적인 풍습입니다. 세상은 근원과 목적과 방향 자체가 다릅니다. 세상에서 어떤 사람이나 단체가 어려운 이웃들에게 큰 금액을 기부하거나 큰일을 감당하고 있다고 할 때, 아무리 선의를 가지고 행한다고 해도 그 중심은 사람일 수밖에 없습니다. 그러나 그리스도인은 크든 작은 무슨 일을 하든 간에 그 모든 일의 근원이 예수 그리스도께 있습니다. 그런 일을 행하는 사람은 아름답고 가치가 있으며 뛰어난 인격의 소유자임에 틀림이 없지만, 그리스도인은 자기가 하는 것이 아니라 그리스도의 이름으로 하는 것입니다. 그리스도인이라고 할지라도 자기 이름으로 무엇인가를 행하는 것은 곧바로 세상으로 돌아가는 것입니다. 지금 그렇게 하고 있다면 오히려 과감하게 결단하여 그런 것을 버려야 합니다. 그리고 다시는 그 길로 돌아가지 말아야 합니다. 그렇지 않으면 마귀를 따라가는 것입니다.

"그 때에 너희는 그 가운데서 행하여 이 세상 풍조를 따르고 공중의 권세 잡은 자를 따랐으니 곧 지금 불순종의 아들들 가운데서 역사하는 영이라" (엡 2:2)

적용하기 : 예수님을 믿고 있지만 때때로 세상 속으로 돌아간 경우가 없었습니까? 어떻게 다시 돌아왔습니까? 그 유혹을 이기기 위해 무엇을 해야 하겠습니까?

하나님의 마음 :

하나님은 모든 사람이 의로워지기를 원하십니다. 신약성도들은 그리스도의 피로 의로워졌지만 여전히 세상적인 것이 남아 있습니다. 당신에게는 얼마나 남아있습니까?

오늘 받은 은혜 :

전체적으로 당신이 받은 은혜와 느낌을 기록해보십시오.

실천을 위한 도전 : (기도하여 성령님의 인도하심을 받으십시오.)

우리는 그리스도인으로서 법과 질서를 철저하게 준수하려고 노력해야 함을 알게 됩니다. 당신이 여태까지 지키지 못했던 부분을 이야기하고 철저히 지킬 것을 결단하시기 바랍니다.

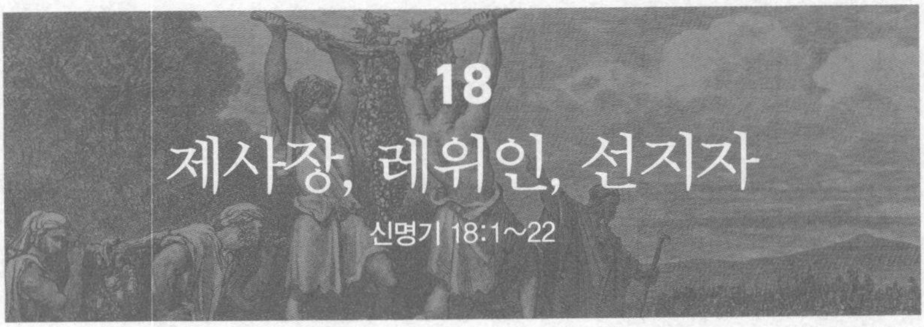

18 제사장, 레위인, 선지자

신명기 18:1~22

본문 개론

앞장에서 일반적인 사회적 통치체제를 말했다면 본장에서는 영적인 신앙지도자에 대해서 이야기합니다. 먼저 제사장들과 레위인들의 생활에 관하여 규정하는데, 이것은 이스라엘 체제를 유지하기 위해서입니다. 백성들이 드리는 십일조와 제물에 정해진 것과 양털과 같은 것들은 반드시 행해야 하는 의무였습니다. 그렇게 함으로써 제사장들과 레위인들이 온전히 하나님을 섬기는 일에 전념할 수 있습니다. 그리고 역시 이방의 인신제사나 미신이나 점쟁이들이나 길흉을 말하는 자들은 일체 용납해서는 안 됩니다. 마지막으로 이곳에서 정식으로 선지자들에 대해서 처음으로 규정하는데, 그들은 백성들에 대한 하나님의 대언자로 세워져야 할 사람들입니다. 선지자는 앞으로 이스라엘의 역사에서 중요한 역할들을 맡게 될 것인데, 마지막 부분에서는 선지자의 말을 듣지 않는 경우나 거짓 선지자를 구별하는 방법에 대해서 설명하고 있습니다.

본문 구성

제사장과 레위인의 몫은 하나님이다.	(1~8)
이방제사와 점쟁이를 배격하라.	(9~14)
선지자를 통하여 말할 것이다.	(15~20)
선지자의 말의 진위여부	(21~22)

본문 적용

오늘날 우리는 종교와 정치가 분리되어 있는 불신국가에서 살고 있는 만큼 여기에 주신 말씀을 그대로 시행할 수 있는 것은 아닙니다. 그럼에도 불구하고 하나님의 말씀의 원리는 사회, 정치, 문화, 종교, 교육, 가정, 생업 등 모든 부분의 구석구석까지 지배할 수 있어야 합니다. 미신자나 점쟁이를 내쫓거나 죽일 수는 없습니다. 오히려 그들에게 그 어떤 해악이나 비판조차도 당당하게 할 수 없습니다. 그럼에도 우리는 그들을 배척하고 신문에 나오는 '오늘의 운세'와 같은 것도 일체 배격해야 합니다. 오늘날 레위인들이 따로 있는 것은 아니지만 모든 그리스도인들 자신이 레위인이라는 인식과 또 우리의 어려운 이웃들이 우리가 보호해야 할 레위인이라는 사고방식으로 하나님의 사랑을 삶에서 드러내야 합니다. 교회와 기관에서 신앙생활을 할 때 신앙지도자들을 잘 분별할 수 있어야 합니다. 더구나 요즈음은 이단이나 각종 사이비들과 관련하여 기독교인들을 속이거나 혼란스럽게 하는 경우가 많고 또 정통 기독교 안에서도 주장하는 바가 다양하여 잘 분별하지 않으면 하나님과 반대편으로 가기 쉬운 세상입니다. 성도들도 하나님 앞에 자립하는 신앙인으로 자라도록 만들어야 하는 이유입니다.

❶ 어떻게 완전할 수 있죠?

핵심구절 : "너는 네 하나님 여호와 앞에서 완전하라 네가 쫓아낼 이 민족들은 길흉을 말하는 자나 점쟁이의 말을 듣거니와 네게는 네 하나님 여호와께서 이런 일을 용납하지 아니하시느니라"(신 18:13~14)

하나님은 이스라엘을 하나님 앞에 완전한 민족으로 불러내셨습니다. 하나님께서 가나안 땅에서 여러 민족을 쫓아내시고 그 땅을 이스라엘에게 주시는 것은 이방 민족들의 악마적인 인신제사나 신비주의적 관행들을 멸하시기 위해서였습니다. 그런데 만약에 이스라엘이 그런 관행들을 조금이라도 따른다면 아브라함과 이삭과 야곱의 후손 이스라엘이라도 그 땅에 존재해야 할 이유가 사라지는 것입니다. 이는 하나님께서 지속적으로 우상숭배를 금하시고 이방인들의 멸절을 명하시며 십계명을 통하여 오직 여호와 하나님만을 섬길 것을 명령하시는 근본적인 이유입니다. 그러므로 네 하나님 여호와 앞에서 완전하라고 하는 뜻은 생활의 도덕과 의로움과 사랑을 지켜야 한다는 뜻도 포함되어야 하지만 궁극적으로는 신앙에 있어서는 여호와 하나님을 벗어나서는 안 된다는 강한 명령인 것입니다. 비록 구속받은 민족이라고 하더라도 고유한 여호와 신앙의 색채를 잃어버린다면 더 이상 선민도 아니고 언약의 민족도 아닙니다.

오늘날 그리스도인들은 그리스도인으로서의 색채를 너무나도 많이 잃어버렸습니다. 교회에 열심히 다니고 예배와 기도를 열성적으로 드린다고 해서 그리스도인으로서의 색채가 살아있는 것은 아닙니다. 실제 삶에서 오직 그리스도 신앙이 드러나야 참 그리스도인인 것입니다. 예수님을 구주로 고백하고 받아들이는 것만으로 모든 것이 100% 완성되는 것이 아닙니다. 그것은 전적으로 하나님의 크신 은혜로 주시는 선물이지만 우리는 그것을 복음으로 살아내야 합니다. 성장하고 성화되어야 합니다. 구원은 이루어가는 것입니다. 처음에 거듭난 것을 죽을 때까지 그대로 가지고 간다면 그리스도인으로서의 색채를 어디에서 찾을 수 있겠습니까? 모든 생활에 완벽하라는 말이 아닙니다. 우리의 믿음이 자라나고 있어야 한다는 말입니다. 그것이 신약교회 성도들에게 내려진 "여호와 앞에서 완전하라."는 의미입니다.

> "우리가 다 하나님의 아들을 믿는 것과 아는 일에 하나가 되어 온전한 사람을 이루어 그리스도의 장성한 분량이 충만한 데까지 이르리니"(엡 4:13)

적용하기 : 당신의 신앙은 성장하고 있습니까? 여호와 앞에 완전하라는 명령 앞에서 당신에게 부족한 점은 무엇입니까?

❷ 말씀의 증험과 성취

핵심구절 : "네가 마음속으로 이르기를 그 말이 여호와께서 이르신 말씀인지 우리가 어떻게 알리요 하리라 만일 선지자가 있어 여호와의 이름으로 말한 일에 증험도 없고 성취함도 없으면 이는 여호와께서 말씀하신 것이 아니요 그 선지자가 제 마음대로 한 말이니 너는 그를 두려워하지 말지니라"(신 18:21~22)

기독교 신앙을 무조건 신비적으로 해석하려는 사람들이 있습니다. 신비은사가 있는 사역자들에게로 성도들이 많이 찾아갑니다. 삶속에서 일어나는 수많은 문제들을 신비적인 능력을 통하여 해결하려고 합니다. 그러나 신비은사에는 여러 가지 위험한 요소들이 존재한다는 사실을 알아야 합니다. 영적 권위를 내세우게 된다거나 그 영적 권위에 얽매이게 하는 요소들은 대표적인 위험인자입니다. 은사자의 인격이나 사역에 대한 자세와는 또 다른 이야기입니다. 은사가 필요 없다거나 은사를 사용해서는 안 된다는 이야기가 아닙니다. 신앙의 수준은 은사와는 관계가 없다는 말입니다. 은사에는 신앙이 자라는 데 필요한 부분이 분명히 있음에도 불구하고 신앙성장이 먼저인 까닭은 성장 없는 은사는 오히려 자신이나 성도들을 불신의 세계로 이끌어가 버리게 되기 때문입니다.

본문은 하나님께서 세우신 선지자의 말을 어떻게 하나님의 음성으로 믿을 수 있겠느냐는 판단의 근거를 주고 있습니다. 그 근거를 '증험'과 '성취'라고 제시하는 것입니다. 그 말씀이 하나님의 말씀이라는 증거가 있어야 하고 실제로 그 말씀이 이루어져야 한다는 것입니다. 얼핏 들으면 용한 점쟁이들에게 요구되는 것일 수가 있습니다. 물론 단순히 일상적인 것이 이루어지는 것을 요구하는 것은 아닙니다. 하나님의 말씀의 증거와 성취를 말하는 것이니까요. 우리는 오늘날 이 말씀을 삶 속에서 하나님의 말씀이 이루어진 것 곧 말씀대로 사는 것이 증거이며 성취라고 해석할 수 있습니다. 교회 안에서의 종교생활에 머무는 것이 아니라 복음을 삶 속에서 드러내는 것이 바로 하나님의 말씀의 증거이고 성취라는 말입니다. 아무리 설교를 잘 하고 성도들을 잘 다스린다고 해도 그 삶과 행위에서 하나님의 말씀을 거의 찾아볼 수 없을 정도라면 그 사람은 성도들을 인도할 자격 자체가 없는 사람입니다. 그렇다면 그를 두려워할 필요가 없습니다. 증험과 성취가 없는 것이니까요. 사역자들뿐 아니라 일반 성도들도 똑같습니다. 우리는 삶에서 하나님의 말씀의 증험과 성취가 있는가를 늘 살펴야 합니다. 디모데가 과부들의 명부에 올릴 사람으로 제시한 기준은 모든 그리스도인들에게 공통적으로 주어지는 증거가 될 것입니다.

> "선한 행실의 증거가 있어 혹은 자녀를 양육하며 혹은 나그네를 대접하며 혹은 성도들의 발을 씻으며 혹은 환난 당한 자들을 구제하며 혹은 모든 선한 일을 행한 자라야 할 것이요"(딤전 5:10)

적용하기 : 당신은 그리스도인으로서 하나님의 말씀의 증험과 성취가 어떤 부분에서 얼마나 이루어지고 있습니까?

하나님의 마음 :

생명체를 만드신 하나님은 믿음의 공동체도 생명체로 움직일 것을 원하십니다. 당신은 당신이 속한 교회와 사회에서 얼마나 유기적으로 움직이고 있습니까?

오늘 받은 은혜 :

전체적으로 당신이 받은 은혜와 느낌을 기록해보십시오.

실천을 위한 도전 : (기도하여 성령님의 인도하심을 받으십시오.)

본장은 영적 질서에 관한 내용입니다. 당신의 영적 질서에 도움이 되는 부분과 걸림이 되는 부분을 한 가지씩 생각하여, 버릴 것을 버리고 취할 부분은 더욱 힘쓰시기 바랍니다.

19 도피성

신명기 19:1~21

본문 개론

모세는 이전까지 주로 예배와 신앙생활에 대한 교훈을 이야기 했고 본장에서부터는 사회생활에 대하여 명하기 시작합니다. 십계명들 중에서 이웃사랑의 계명에 대하여 상세한 규례를 따라 설명합니다. 먼저 살인하지 말라는 6계명과 관련하여 우발적인 살인을 범한 사람들을 위한 도피성을 지시합니다. 이미 하나님은 레위지파에게 할당된 48개의 성읍들 중에서 6개의 성읍을 구별하여 도피성으로 정하라고 지시하신 바가 있습니다(민 35:6~15). 이미 요단강 동편에는 베셀, 길르앗 라못, 바산 골란으로 결정되었고, 가나안 땅 본토인 요단강 동편에도 세 곳을 정하라는 명령으로, 후에 여호수아에 의해 북부의 게데스와, 중부의 세겜, 남부의 헤브론으로 결정하게 됩니다. 도피성에서 받아들일 사람에 대한 규정과 고의적인 살인은 여기에 해당되지 않는 규정을 말하고 있습니다. 아울러 제10계명과 관련하여 땅의 지계표를 옮기지 말 것에 대한 명령과 거짓증거하지 말라는 제9계명을 지키기 위해서 위증한 자를 죽임으로써 악을 제할 것을 명하고 있습니다.

본문 구성

도피성을 설치하라.	(1~3)
도피성에 대한 규례	(4~10)
고의적인 살인의 경우	(11~13)
경계표를 옮기지 말라.	(14)
위증한 자는 죽이라.	(15~21)

본문 적용

결국 율법에서 정한 모든 말씀은 십계명과 깊이 관련되어 있습니다. 모든 규례와 법도들은 전부 십계명의 해설판이라는 말입니다. 십계명은 알다시피 하나님사랑과 이웃사랑입니다. 우리는 보통 하나님사랑만을 강조하고 이웃사랑에 대해서는 그야말로 문자적인 뜻으로만 받아들이는 경향이 있습니다만, 하나님께서 이스라엘 공동체에 명하신 모든 말씀은 전부가 이웃사랑의 법입니다. 그것은 하나님사랑을 온전하게 지킴으로써 하나님의 공동체를 통하여 인간회복을 이루시기 위한 하나님의 본질적인 마음이었습니다. 도피성도 그렇고 안식년도 그렇고 희년도 마찬가지이며 십일조도 마찬가지이고 심지어 안식일까지도 마찬가지입니다. 근본적인 정신은 이웃사랑입니다. 하나님사랑은 이웃사랑을 통하여 성취되는 것이기 때문입니다. 하나님은 이미 "원수를 갚지 말며 네 이웃 사랑하기를 네 자신과 같이 사랑하라."(레 19:18)고 명령하신 바가 있습니다. 여기에서의 이웃은 이스라엘 공동체 안에서의 이웃입니다만, 그리스도께서 오신 후에는 이웃의 개념은 인간 전체를 뜻하는 것으로 바뀌었습니다. 무한사랑의 개념으로 이웃사랑을 살펴보아야 하는 이유입니다.

❶ 무죄한 피를 흘리지 말라. - 무한사랑

핵심구절 : "네 하나님 여호와께서 네게 기업으로 주시는 땅에서 무죄한 피를 흘리지 말라 이같이 하면 그의 피가 네게로 돌아가지 아니하리라"(신 19:10)

이웃사랑과 관련하여 이웃에 대한 계명을 살펴볼 때 오늘날에는 무한사랑의 개념으로 보아야 한다고 말했습니다. 여호와 신앙을 훼방하거나 무너뜨리려는 세력이 아닌 한 우리는 그들에게 최소한의 대우까지 항상 생각해야 합니다. 그것이 바로 무죄한 피를 흘리지 말라는 것입니다. 물론 본절은 살인죄에 대한 명령입니다. 하지만 살인죄란 미움의 극단적인 표출인 만큼 그 미움의 근원적인 부분에서부터 살펴보아야 한다는 뜻입니다. 우리가 이 세상을 살면서 억울한 일을 당할 때가 많습니다. '피해'라는 측면이 아니리 '오해'라는 측면을 생각한다면 우리를 향한 오해나 그것으로 인한 불신이 얼마나 많습니까? 물론 그 반대로 과대한 기대로 인한 오해도 있을 수 있습니다만, 이 오해와 불신, 억울함 등을 어릴 때부터 당하고 살면 그것이 상처가 되고 쓴 뿌리가 되어 일생을 괴롭히게 됩니다. 성장하면서 겪는 이런 억울함으로 인하여 다툼과 분란, 공격이나 비난 등을 겪게 될 것입니다. 이럴 때 그리스도인들은 어떻게 해야 하겠습니까?

우리는 우리가 당하는 억울함이 아니라 다른 이웃들이 당하는 억울함을 생각해야 합니다. 우리가 생각지도 못한 문제로 인하여 이웃이 고통당하는 경우도 얼마든지 생길 수 있습니다. 전혀 의도하지 않았거나 혹은 오히려 좋은 마음으로 행한 일 때문에도 오해나 억울한 일이 생길 수 있습니다. 그런 것까지 완벽하게 다 알고 대응할 수는 없습니다만, 적어도 우리는 그런 의도를 가지고 사람들을 살필 수는 있어야 할 것입니다. 그것이 어디에서 비롯되는 것입니까? 바로 예수 그리스도의 십자가 사랑에 근거하는 것입니다. 우리가 억울하거나 오해를 받는 일의 원인과 과정과 해법을 전혀 모를 때에, 곧 우리가 죄인인지조차 알지 못할 때에 예수님은 우리를 위해 십자가에 달리셨습니다. 그리고 우리가 방법을 전혀 알지 못할 때 우리를 위해 피를 흘리심으로써 모든 죄를 사함 받을 수 있는 길을 여셨습니다. 우리도 다른 사람에 대해서 여기까지 생각해야 합니다. 완전할 수는 없지만 적어도 그리스도의 마음으로 이웃들을 살펴볼 때에 그런 행동과 삶을 통하여 그리스도의 사랑이 드러날 수 있을 것입니다. 가난하고 소외된 사람들에게는 이런 예가 훨씬 많을 것이라고 생각해야 합니다. 그리스도인은 적어도 무죄한 피를 흘리도록 해서는 안 됩니다.

"그가 가난한 백성의 억울함을 풀어 주며 궁핍한 자의 자손을 구원하며 압박하는 자를 꺾으리로다"(시 72:4)

적용하기 : 당신이 당한 억울함을 상대편이 어떻게 풀어주기를 원합니까? 혹시 당신으로 인하여 억울함이 생긴 사람을 생각해보고 당신이 원하던 방법 그대로 행해줄 수는 없겠습니까?

❷ 경계표를 옮기지 말라.

핵심구절 : "네 하나님 여호와께서 네게 주어 차지하게 하시는 땅 곧 네 소유가 된 기업의 땅에서 조상이 정한 네 이웃의 경계표를 옮기지 말지니라"(신 19:14)

경계표는 집이나 농경지 등과 마찬가지로 토지의 경계를 나타내는 표지입니다. 곧 재산에 해당되는 것입니다. 이것을 몰래 옮겨 땅을 더 넓게 차지한다는 것은 제8계명의 도둑질하지 말라는 명령과 제10계명의 네 이웃의 집을 탐내지 말라는 명령을 범한 것입니다. 물론 이것은 하나님께서 정해주신 각 지파의 영토를 침범하지 말라는 명령이지만 그 근원은 태초에서 찾아야 합니다. 하나님은 에덴동산을 아담과 하와에게 공동으로 관리할 것을 명하셨습니다. 말하자면 공동소유였다는 말입니다. 그것이 근본적인 개념이어야 합니다. 본절에서는 단지 하나님께서 정해주신 땅을 침범하지 말라고 하신 것이지만 사실상 모든 땅이 모든 인간들의 공동소유라야 한다는 생각을 기반으로 이 명령을 재해석해보고자 합니다.

하나님은 모든 지파에게 가장 알맞게 땅을 분배해 주셨습니다. 그 땅의 경계표를 옮겨서 더 넓은 땅을 차지한다면 마땅히 벌을 받아야 하지만, 이미 이 세상은 경계석을 자기 마음대로 이리저리 옮겨놓는 상태가 그대로 굳어져서 차별이나 편파가 지나치게 확대되어 고착된 상태입니다. 쉽게 말해서 어떤 사람은 남들보다 수천, 수만 배의 땅을 가지고 경계석을 설치해 놓고 있고 어떤 사람은 그 땅 한 평조차도 없이 힘들고 어렵게 살고 있다는 말입니다. 우리가 말씀대로 사는 복음적인 그리스도인이라면 어떻게 대처해야 하겠습니까? 하나님께서 우리 그리스도인들 중 어떤 사람에게 남들보다 수만 배의 소유를 허락하셨다면 그것은 무엇을 위해서 그렇게 하신 것이겠습니까? 그 소유를 그리스도의 이름으로 효과적으로 나누라고 주신 것입니다. 왜냐하면 그 소유는 결코 우리의 것이 아니라 하나님의 것이기 때문입니다. 그리스도인들은 하나님의 소유를 나누어주는 청지기들이라는 말입니다. 그리스도인은 내 땅을 많이 차지하기 위해서 경계석을 '바깥으로' 옮기는 것이 아니라 내 땅(소유)을 나누어서 가난하고 어려운 사람들이 더 많이 차지하도록 경계석을 '안쪽으로' 옮겨야 하는 사람들입니다.

"네가 이 세대에서 부한 자들을 명하여 마음을 높이지 말고 정함이 없는 재물에 소망을 두지 말고 오직 우리에게 모든 것을 후히 주사 누리게 하시는 하나님께 두며 선을 행하고 선한 사업을 많이 하고 나누어 주기를 좋아하며 너그러운 자가 되게 하라"(딤전 6:17~18)

적용하기 : 많이 가진 사람은 많이 나눌 수 있지만 없는 사람도 나눌 것이 있습니다. 적고 많고의 문제가 아니라 얼마나 사랑하는가의 문제입니다. 당신은 나눔의 삶을 얼마나 실천하고 있습니까?

하나님의 마음 :

사람은 누구나 자기중심적일 수밖에 없습니다. 그러나 성도는 하나님 중심적이 되어야 합니다. 하나님 중심이 이웃사랑입니다. 당신은 얼마나 하나님 중심적으로 살고 있습니까?

오늘 받은 은혜 :

전체적으로 당신이 받은 은혜와 느낌을 기록해보십시오.

실천을 위한 도전 : (기도하여 성령님의 인도하심을 받으십시오.)

자기 이익과 부딪치면 다투게 되어 있습니다. 그러나 자기 이익을 하늘에 두면 다툴 일이 없습니다. 당신이 사람들에 대해 반드시 가져야 할 생각 하나를 선택하여 시행해보십시오.

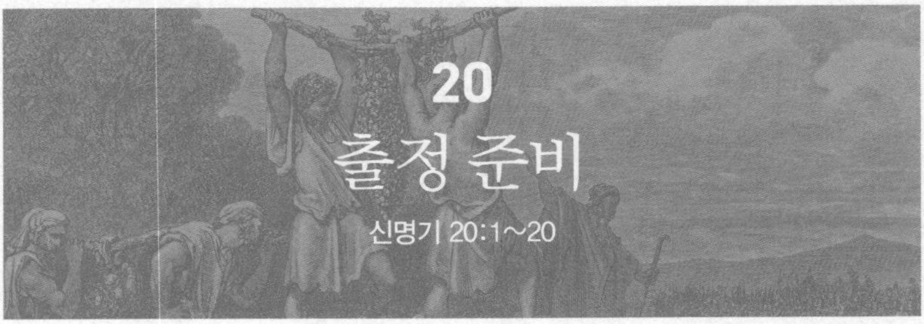

20
출정 준비

신명기 20:1~20

본문 개론

지금까지 명한 지시들이 가나안 입성 후에 지켜져야 할 내용들이 주류였다면 본장의 내용은 당장 코앞에 닥친 전쟁에 출정할 군사들과 전쟁의 방식 등에 대한 지시입니다. 이것은 이제까지 어디에서도 언급하지 않았던 지시사항입니다. 우선 전쟁에 나갈 때에는 적의 군대의 규모나 무기나 높은 성벽 등은 결코 두려워하지 말라고 합니다. 왜냐하면 하나님께서 싸워주시기 때문입니다. 다만 징집에 포함되지 않아야 할 사람들은 새 집을 건축한 사람, 포도원 추수를 앞둔 사람, 여자와 약혼한 사람, 마음이 허약한 사람들로 정하여 마음이 집중되지 못하고 분산된 사람들이 전투에 참여할 경우 오히려 모든 군대의 마음을 혼란스럽게 하는 일을 금했습니다. 그 다음에 전쟁수행의 방법을 이야기하는데 두 가지로 구분했습니다. 직접 경계를 두지 않을, 곧 이스라엘에서 먼 나라와 싸울 때에는 먼저 화평을 청하고 듣지 않으면 공격하여 남자들만 죽이도록 했지만, 이스라엘이 직접 공격하여 차지해야 할 가나안 족속들에 대해서는 어린아이로부터 가축들까지 모조리 진멸해야 했습니다. 우상숭배의 모든 요소가 구석구석까지 뻗어있을 것이기 때문입니다.

본문 구성

여호와께서 구원하신다.	(1~4)
병역을 면제할 사람들	(5~9)
싸우기 전에 먼저 화평을 청하라.	(10~15)
가나안 족속들은 진멸하라.	(16~18)
과목은 찍어내어 버리지 말라.	(19~20)

본문 적용

가나안 정복전쟁은 영토 확장이나 경제적 약탈이 목적이 아니라 거룩한 땅 가나안의 회복과 하나님 나라의 의를 구현하기 위한 전쟁입니다. 이스라엘에서 다소 떨어져 있는 곳과의 전쟁에서는 탈취한 것을 먹을 수 있지만 가나안 족속을 진멸하는 전쟁을 통해서는 부를 얻거나 재산을 축적할 수 없습니다. 단순한 정복이나 약탈이 목적이 아닙니다. 이스라엘이 마치 칭기즈 칸이나 알렉산더 왕처럼 전쟁의 능력이 탁월하다고 해도 그것은 하나님께서 싸워주시기 때문입니다. 그런데 하나님은 이스라엘에게 전 세계를 정복하라고 하지는 않으십니다. 겨우 가나안 땅, 우리나라 남한의 몇 분의 일밖에 되지 않는 작은 땅을 정복하도록 하실 뿐입니다.

하나님께서 이스라엘에 능력을 주셔서 세계 정복을 충분히 이룰 수 있는 분입니다. 그럼에도 가나안 작은 땅을 이스라엘에게 주셨을 뿐입니다. 전쟁의 목적이 다르다는 말입니다. 이스라엘은 하나님께서 통치하시는 거룩한 나라, 하나님의 의가 이루어져야 할 나라, 온 세상에 하나님의 사랑과 은혜를 알게 하기에 충분한 나라가 목적입니다. 이것은 오늘 우리의 삶의 원리와 직결됩니다. 성공이 신앙의 목적이 아닙니다. 크게 번성하는 것은 하나님의 뜻에 어긋날 수도 있습니다. 우리의 삶이 가나안 땅처럼 좁은 곳에 놓여있다고 해도 거기에서 하나님의 뜻을 이루어야 합니다.

❶ 먼저 화평을 선언하라.

핵심구절 : "네가 어떤 성읍으로 나아가서 치려 할 때에는 그 성읍에 먼저 화평을 선언하라 그 성읍이 만일 화평하기로 회답하고 너를 향하여 성문을 열거든 그 모든 주민들에게 네게 조공을 바치고 너를 섬기게 할 것이요 만일 너와 화평하기를 거부하고 너를 대적하여 싸우려 하거든 너는 그 성읍을 에워쌀 것이며"(신 20:10~12)

가나안 정복전쟁의 주요한 목적은 하나님께서 주신 땅 곧 우상숭배가 극에 달하고 부패와 타락이 만연해서 하나님께서 심판하지 않으실 수 없는 그 땅을 쳐서 멸하고 이스라엘 족속이 그 땅을 차지하게 하는 것입니다. 그런데 전쟁을 수행하다가 보면 원치 않는 전쟁을 해야 할 때가 있습니다. 가나안 족속들 주변에 있는, 이스라엘과 직접적인 관련성이 떨어지는 그런 성읍을 공격해야 할 때입니다. 그때에는 진멸전쟁이 아니라 일반 전쟁의 개념으로 싸워야 할 것을 이야기하고 있습니다. 물론 어쩔 수 없이 싸워야 할 때도 있고 또 그럴 때 지켜야 할 지침도 있지만 어쨌든 주변나라들과는 우선적으로 평화를 먼저 선포해야만 하는 것입니다. 이스라엘의 안전을 위하여 조공을 바치게는 하지만 그것은 가나안 정복이라는 특수성이 있기 때문에 내려지는 지시입니다.

우리 그리스도인들에게도 이와 같은 원칙이 적용되어야 한다면 어떻게 생각하겠습니까? 지금은 우리가 정복해야 할 땅이 있는 것도 아니고 조공을 받는 시대도 아닙니다. 그런데도 먼저 화평을 선언하라는 이 말씀은 그리스도인들에게는 너무나도 적절한 말씀이 아닐 수 없습니다. 화평하라는 말씀은 단순히 싸우지 않고 공존하면서 살라는 명령 이상입니다. 예수님께서 하나님과 사람 사이를 화평하게 하시기 위해 십자가에서 목숨을 바치셨다는 사실을 생각해야 합니다. 물론 본문의 내용이 이런 것까지 포함하고 있지는 않습니다. 그러나 그 시대는 눈에 보이고 만질 수 있는 것을 증거로 삼던 시대이고 오늘날에는 보이지 않는 영적 증거를 분별해야 하는 시대입니다. 비록 진멸의 대상은 아니지만 거기에 하나님의 공의가 섭리하도록 만들어야 하는 것만은 틀림이 없습니다. 오늘 우리도 하나님의 공의가 세상에 흐르도록 우리를 드려야 합니다. 우리에게 우호적인 사람들은 물론이고 적대시하는 사람들에게도 우리는 화평을 먼저 선포해야 합니다. 그리스도 신앙을 대적하고 훼방하는 사람들이 아니라면 누구와도 화평해야 합니다.

"아무에게도 악을 악으로 갚지 말고 모든 사람 앞에서 선한 일을 도모하라 할 수 있거든 너희로서는 모든 사람과 더불어 화목하라"(롬 12:17~18)

적용하기 : 영적인 본질 이외의 문제로 당신이 다투는 사람이 있습니까? 그에게 어떻게 화평을 먼저 선언하겠습니까?

❷ 범죄하게 할까 함이니라.

핵심구절 : “곧 헷 족속과 아모리 족속과 가나안 족속과 브리스 족속과 히위 족속과 여부스 족속을 네가 진멸하되 네 하나님 여호와께서 네게 명령하신 대로 하라 이는 그들이 그 신들에게 행하는 모든 가증한 일을 너희에게 가르쳐 본받게 하여 너희가 너희의 하나님 여호와께 범죄하게 할까 함이니라” (신 20:17~18)

화평을 선언해야 하는 사람들에 대한 이야기가 아니라 영적으로 대적하는 사람들에 대해서도 반드시 이야기해야 합니다. 왜냐하면 전염병처럼 순수 신앙을 훼손하는 세력들이기 때문입니다. 물론 그렇다고 해도 우리의 대적은 사람이 아니라 악한 영이라는 사실은 틀림이 없습니다. 다만 대적자들의 대부분은 다시 돌이킬 수 없는 사람들인 경우가 많습니다. 그런데 이들 대적자들은 처음부터 적대적으로 대하는 사람들이 아닌 경우가 훨씬 많습니다. 오히려 천사의 얼굴을 하고 거짓과 속임수를 감추고 접근합니다. 먼저 화평을 말하고 유익을 주려고 애를 쓰고 도움의 손길을 먼저 내미는 듯한 사람들입니다. 아니면 진리를 교묘하게 속입니다. 1%의 거짓을 전파하기 위해 99%의 진리로 포장을 합니다.

이럴 때 어떻게 해야 하겠습니까? 일반적인 방식으로 화평을 내세우는 것이 아니라 처음부터 단호하게 절연해야 합니다. 누구라도, 극히 작은 부분이라도 속을 수 있습니다. 그렇게 되면 혼란스러워지고 확신이 흔들립니다. 신앙의 개념이 불분명하고 어린 성도들은 언제라도 속아 넘어갈 수 있습니다. 그런데 우리가 더더욱 경계해야 할 것은 세상의 가치관, 마귀가 주는 욕심이 인간의 자연스러운 욕구라는 포장을 쓰고 우리를 무너뜨리려고 한다는 점입니다. 번영과 성취와 높아짐과 권세라는 포장은 모든 인간을 지배하고 있는 죄의 속성입니다. 이것을 깨닫지 못하면 번번이 이런 죄악에 무너지게 되고 하나님으로부터는 점점 더 멀어지게 됩니다. 그리고 그런 성취를 이룬 겉모습을 부러워하고 자신도 모르게 그것을 따라가게 만드는 것입니다. 하나님께서 왜 가나안 족속들을 진멸하라고 하셨습니까? 하나님께서 왜 전 세계를 정복하라고 하지 않으셨습니까? 마귀의 궤계를 명확하게 분별하고 처음부터 그 싹을 제거하기 바랍니다.

"누구든지 헛된 말로 너희를 속이지 못하게 하라 이로 말미암아 하나님의 진노가 불순종의 아들들에게 임하나니 그러므로 그들과 함께 하는 자가 되지 말라 너희가 전에는 어둠이더니 이제는 주 안에서 빛이라 빛의 자녀들처럼 행하라"(엡 5:6~8)

적용하기 : 예수님은 물질욕구, 권력욕구, 명예욕구의 세 가지 유혹을 물리치셨습니다. 당신은 어떤 욕구에 가장 약합니까? 어떻게 결단하고 이겨야 하겠습니까?

하나님의 마음 :

하나님은 인간이 최상의 상태를 유지하도록 하기 위해 전쟁이나 고통이나 죽음도 사용하십니다. 당신은 진리를 지키기 위해 어떤 싸움을 싸우고 있습니까?

오늘 받은 은혜 :

전체적으로 당신이 받은 은혜와 느낌을 기록해보십시오.

실천을 위한 도전 : (기도하여 성령님의 인도하심을 받으십시오.)

영적 전쟁에서 가장 약한 부분이 항상 공격을 받습니다. 당신에게 그것은 무엇이며 어떻게 그 약점을 넘어가겠습니까?

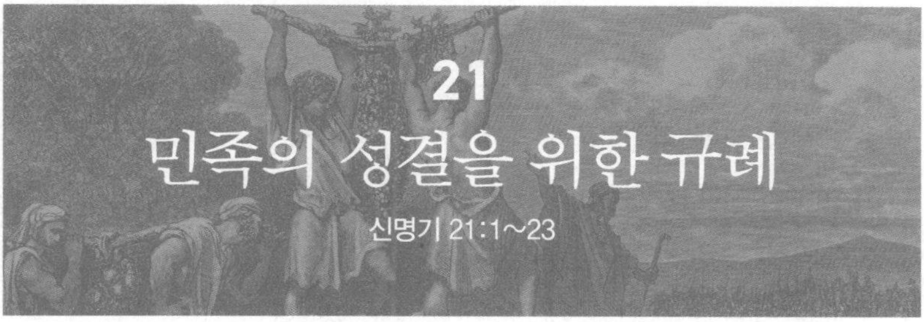

21
민족의 성결을 위한 규례

신명기 21:1~23

본문 개론

범인을 알 수 없는 시신이 발견될 경우에 어떻게 하나님의 공의가 만족될 수 있겠습니까? 가까운 성읍에서 제사드림으로써 백성들에게 불의에 대한 책임을 지우는 방식으로 공의를 만족시키고 있습니다. 공의가 훼손됨으로써 거룩한 땅을 더럽히지 않으려는 하나님의 지시였습니다. 포로로 잡아온 여성과 결혼할 수 있는 길을 열어줌으로써 여성의 생존권을 보호하시는데, 원래 가나안 여인과 결혼할 수 없는 명령에 비추어볼 때 이 여인들은 이스라엘의 언약과 규례를 지킬 것을 맹세한 경우에 해당될 것입니다. 이것도 공동체가 더러워지는 것을 방지하려는 명령이었습니다. 또한 아내가 둘 이상일 때 그 아들들에 대한 상속권을 분명하게 구별함으로써 각 사람에게 마땅히 주어져야 할 권리를 보장해주십니다. 그리고 부모를 거역하고 말을 듣지 않는 아들은 돌로 쳐서 죽이도록 했습니다. 마지막으로 사형수는 나무에 달린 그날에 장사함으로써 저주받은 시신으로 더럽혀지지 않도록 했습니다. 이런 모든 규례들은 이스라엘이 점령한 땅이 더럽혀지지 않도록 하시려는 의도입니다. 그 땅은 이미 가나안 족속들에 의해 더럽혀졌었기 때문에 더욱 성결해야만 하는 것이었습니다.

본문 구성

살인자를 모를 때의 규례 (1~9)
여성 포로를 다루는 규례 (10~14)
장자의 상속권에 관한 규례 (15~17)
패역한 아들에 관한 규례 (18~21)
사형에 관한 규례 (22~23)

본문 적용

우리는 예수님을 믿을 때 종교적으로만 충실하면 된다는 생각을 흔히 가질 수 있습니다. 그래서 공적 예배에 충실하게 참석하고 기도를 열심히 하면 신앙생활을 잘 하고 있다고 생각하기 쉽습니다. 그런데 그렇게 오랫동안 신앙생활을 교회 안에서만 하다가 보면 수십 년을 믿었는데도 여전히 자기중심적으로 생각하고 자신의 유익을 위하여 살고 있는 경우를 자주 발견합니다. 하지만 그것은 반쪽짜리 신앙 밖에는 될 수가 없다는 사실을 알아야 합니다. 신앙은 그리스도인의 실제 삶 속에서 표출되지 못하면 그것은 단지 죽은 신앙 또는 박제된 신앙 밖에는 되지 못합니다.

본문에서 범인을 모르는 시신을 발견했을 때 가까운 성읍에서 책임지고 제사를 드려야 한다는 말씀이 여기에 딱 들어맞는 것입니다. 사람의 범죄가 똑바로 하나님의 공의를 훼손한다는 말입니다. 그래서 본장에서는 전쟁에서 포로로 잡아온 여인, 때로 무시당할 수 있는 미움 받는 아내의 자식에 대한 상속권, 불효할 뿐 아니라 부모를 거역하는 자식들에 대한 사형의 규례, 저주받은 시신을 밤새 나무에 걸어두지 말 것 등의 지시를 내리는 것입니다. 하나님의 영적 공의는 교회이든 가정이든 세상이든 범죄의 현장이든 어디에서든지 성취되어야 할 하나님의 성품입니다. 그렇지 않으면 한 사람이나 한 가정이 아니라 공동체 전체가 더럽힘을 받게 되는 것입니다.

❶ 피 흘린 죄가 사함을 받으리니

핵심구절 : "여호와여 주께서 속량하신 주의 백성 이스라엘을 사하시고 무죄한 피를 주의 백성 이스라엘 중에 머물러 두지 마옵소서 하면 그 피 흘린 죄가 사함을 받으리니 너는 이와 같이 여호와께서 보시기에 정직한 일을 행하여 무죄한 자의 피 흘린 죄를 너희 중에서 제할지니라"(신 21:8~9)

이 본문은 이 세상에 대한 그리스도인의 책임에 대해서 설명하는 것 같습니다. 이 세상은 왜 이렇게 엉망진창일까요? 왜 이렇게 사람들은 이기적이고 편파적이며 서로 극렬하게 싸우는 것일까요? 왜 이렇게 사랑을 모르고 서로 미워하고 투쟁하고 서로를 비난하고 공격하는 것일까요? 그런 것이 아니라도 마치 소돔처럼 타락하여 하나님과 반대편에 서는 사람들이 이렇게 많을까요? 가나안 족속들이 꼭 그랬습니다. 우리가 사는 현대적 도시의 삶과 별로 다를 것이 없습니다. 이럴 때 우리는 어떻게 해야 하겠습니까? 그 전에 그것은 도대체 누구의 잘못이고 책임이라는 말입니까? 물론 우리가 그런 죄를 직접 지은 것은 아닙니다. 그럼에도 불구하고 우리 그리스도인들의 책임이라고 하는 말은 우리가 그리스도인답게 살지 못했다는 말입니다. 우리가 그런 흐름을 막아서고 세상과 반대되는 삶의 모습을 보여주지 못했다는 말입니다. 세상에 대한 책임의식 없이 자기 신앙만 잘 지키면 다 되는 것처럼 생각했다는 것입니다.

그런데 대부분의 그리스도인들은 자기신앙을 지킨다는 의미를 잘 모르고 있습니다. 그렇다고 정치집회를 하고 데모를 해서 세상을 바로잡으려고 하는 것이 바르다는 말은 아닙니다. 세상은 그렇게 해서 바로잡아질 수가 없습니다. 왜냐하면 세상은 마귀가 지배하므로 생존경쟁과 약육강식의 원리를 따라 살아가는 것일 뿐이기 때문입니다. 동물의 세계와 조금도 다름이 없습니다. 내가 살기 위해 상대편을 죽이는 원리라는 말입니다. 그러므로 세상과 똑같은 방법으로 싸워서는 세상은 조금도 달라지지 않습니다. 그런 방식에는 그들이 최적화되어 있기 때문입니다. 그들을 이기려면 전혀 다른 방식을 사용해야 합니다. 그것이 그리스도의 방식입니다. 싸우더라도 부정이나 부패를 이기는 방식으로 싸워야 합니다. 사랑과 희생과 섬김과 나눔의 방식으로 싸워야 합니다. 먼저 우리 자신이 성결해지는 것이 세상을 이기는 방식입니다. 세상이 더러운 것은, 그 더러움이 지속되는 것은 전적으로 하나님을 믿는 우리 그리스도인들 탓입니다.

"무릇 하나님께로부터 난 자마다 세상을 이기느니라 세상을 이기는 승리는 이것이니 우리의 믿음이니라 예수께서 하나님의 아들이심을 믿는 자가 아니면 세상을 이기는 자가 누구냐"(요일 5:4~5)

적용하기 : 모든 그리스도인들이 그리스도인답게 산다면 그것은 세상을 이기는 커다란 힘이 될 것입니다. 당신은 얼마나 그리스도인답게 살고 있으며 부족한 부분은 무엇입니까?

❷ 나무에 달린 자

핵심구절 : "사람이 만일 죽을 죄를 범하므로 네가 그를 죽여 나무 위에 달거든 그 시체를 나무 위에 밤새도록 두지 말고 그 날에 장사하여 네 하나님 여호와께서 네게 기업으로 주시는 땅을 더럽히지 말라 나무에 달린 자는 하나님께 저주를 받았음이니라"(신 21:22~23)

우리는 '나무에 달린 자'를 십자가에 달리신 그리스도 예수님으로 해석하고 있습니다. 살인자를 나무에 달아 사형시키는 것을 하나님의 저주라고 하는데, 예수님이 바로 하나님의 저주를 받았다는 뜻입니다. 왜 하나님의 아들이신 예수님이 저주를 받으셔야 했습니까? 바로 우리들의 죄 때문입니다. 예수님께서 이 죄를 대신 지시고 우리가 받은 저주를 짊어지셨습니다. 그렇다면 원래 나무에 달린 자는 예수님이 아니라 바로 우리 죄인들입니다. 본절은 단지 살인자에 대해서 모세가 내려준 사형의 규례가 아닙니다. 우리가 바로 나무에 달린 자로서 하나님의 저주를 받은 사형수들입니다. 그런데 예수님께서 우리 대신 저주를 받으시고 나무에 달려서 죽어 가셨던 것입니다. 우리의 존재 자체가 나무에 달려서 완전히 죽은 존재로서 밤새도록 나무에 그대로 둘 수도 없는 그런 존재들이었습니다. 왜냐하면 그대로 두면 거룩한 땅이 더럽혀지는 것이기 때문입니다. 우리가 나무에 달린 자들이었습니다.

그런데 예수님으로 인하여 우리는 성결케 되었습니다. 그로 인하여 하나님의 공의를 만족시키게 되었습니다. 그리고 하나님의 사랑이 성취되도록 하셨습니다. 그로 인하여 성령 충만하게 될 수 있습니다. 그로 인하여 마귀와의 싸움에 승리할 수 있습니다. 우리가 현재 이 땅에서 살고 있는 것은 완전히 전적으로 예수님께서 나무에 달리셨기 때문입니다. '나무에 달린 자'라는 말은 완전히 죽었다는 말입니다. 가능성이 전혀 없다는 말입니다. 아예 다 썩어 없어졌다는 말과 같은 것입니다. 그런데 우리는 살아났습니다. 영적으로 부활하였습니다. 다시 생명을 얻었습니다. 무엇 때문에요? 예수님께서 나무에 달리셨기 때문에요. 그 은혜는 무엇으로도 갚을 수가 없습니다. 우리 그리스도인들은 날마다 영원토록 감사만 드려도 모자랍니다. 일평생 찬양만 드려도 모자랍니다. 일평생 사랑만 해도 모자랍니다. 왜냐하면 우리는 나무에 달린 자들이었기 때문입니다.

"그리스도께서 우리를 위하여 저주를 받은 바 되사 율법의 저주에서 우리를 속량하셨으니 기록된 바 나무에 달린 자마다 저주 아래에 있는 자라 하였음이라"(갈 3:13)

적용하기 : 우리는 받은 은혜가 얼마나 크고 귀한 것인지 잊어버릴 때가 많습니다. 당신은 받은 은혜를 생각하면서 어려움을 이겨낼 때가 없습니까? 그 은혜를 다시 한 번 새겨보십시오.

하나님의 마음 :

우리의 심령의 깨끗함의 정도에 따라 하나님께서 임하시고 우리를 도와주십니다. 응답을 못 받는 것은 심령이 성결치 못해서라고 생각하지 않나요?

오늘 받은 은혜 :

전체적으로 당신이 받은 은혜와 느낌을 기록해보십시오.

실천을 위한 도전 : (기도하여 성령님의 인도하심을 받으십시오.)

교회생활이든 가정생활이든 직장생활이든 당신의 성결을 훼방하는 요소 한 가지만 택하여 회개하고 버리기 바랍니다.

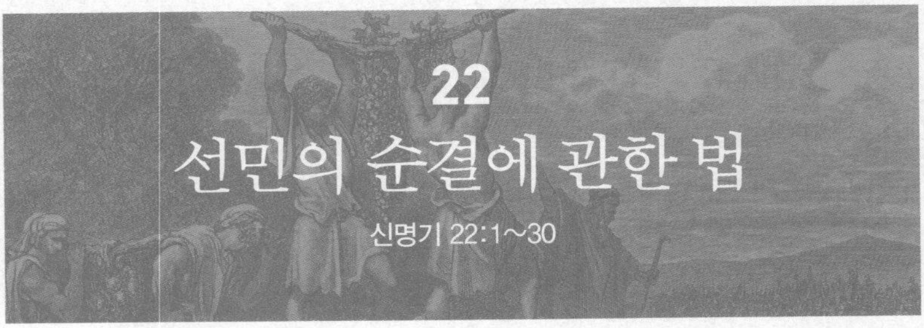

22
선민의 순결에 관한 법

신명기 22:1~30

본문 개론

본장은 통틀어서 각종 순결에 대한 규정이라고 볼 수 있습니다. 예식으로서의 정결예법이 아니라 일상의 삶 속에서 어떻게 각종 순결을 지킬 것인가에 대한 내용입니다. 우선 이웃이 잃어버린 짐승이나 물건을 돌보는 것은 사회적 순결을 지키는 중요한 요소입니다. 이웃을 자기 자신과 같이 사랑하라는 이웃사랑의 기본원칙이 되는 것이기도 합니다. 옥상에 난간을 만드는 것도 다른 사람을 배려하는 일이고 책임이 뒤따르는 일입니다. 남녀의 의복을 바꾸어 입는 것은 하나님의 창조질서를 무너뜨리는 일이기도 합니다. 이후로 혼합하지 말 것에 대한 규정은 모두가 하나님의 창조질서를 지켜야 한다는 말씀입니다. 새의 둥지를 발견했을 때 알이나 새끼는 취해도 어미는 놓아주어야 합니다. 이웃의 물건을 보호해야 하는 것과 마찬가지로 하나님의 창조물을 보호해야 합니다. 그리고 육체의 순결에 관한 말씀이 이어집니다. 처녀의 표와 간음, 강간 등에 대하여 엄격하게 금하고 있습니다. 겉옷의 네 귀에 술을 달고 표시하는 것처럼 항상 기억해야 합니다.

본문 구성

이웃의 소유를 회복하라.	(1~4)
생명을 보호하라.	(6~8)
영적 순결을 지켜라.	(5, 9~12)
처녀의 표에 관한 규례	(13~21)
각종 성범죄에 관한 규례	(22~30)

본문 적용

그리스도인으로서의 정체성을 확고하게 가지는 일은 굉장히 중요합니다. 그 정체성은 스스로가 지켜야 할 영적, 육적, 사회적 순결이라고 할 수 있습니다. 마치 에덴동산의 선악나무처럼 금한 것을 넘지 않으면 순결의 상태를 유지하는 것과 마찬가지입니다. 이스라엘 백성으로서의 선민의 정체성을 가지고 있다면 그는 틀림없이 여호와께서 명하시는 순결의 테두리 안에서 생활하게 될 것입니다. 그것은 결코 어려운 일이 아닙니다. 정체성 의식만 뚜렷하다면 무엇이 그렇게 어렵겠습니까? 다만 그런 의식을 소유하지 못하거나 소유하는 과정 중에 있다면, 곧 신앙이 어리거나 성장해가는 중에 있다면 그런 실수를 할 수도 있습니다. 물론 그 실수는 치명적인 것이라고 말씀하고 있습니다.

오늘날 우리도 사회적, 육체적, 영적 순결을 잘 분별하여 그 선을 넘지 말아야 합니다. 마음에 탐심이 생기지 않도록 잘 조절해야 합니다. 편의성 때문에 무엇을 혼합한다거나 창의적이고 색다른 것을 위해 무엇을 섞어버리는 것은 하나님 의식이 없기 때문입니다. 무엇보다도 우리 그리스도인들은 하나님의 창조질서를 더럽히는 행위는 결코 하지 말아야 합니다. 오늘날 세상과의 이 혼합주의가 얼마나 복음을 훼손하고 있습니까? 하나님을 기쁘시게 해드리는 것을 말씀 속에서 찾아서 실천해야 할 때입니다.

❶ 못 본 체하는 죄

핵심구절 : "나귀라도 그리하고 의복이라도 그리하고 형제가 잃어버린 어떤 것이든지 네가 얻거든 다 그리하고 못 본 체하지 말 것이며 네 형제의 나귀나 소가 길에 넘어진 것을 보거든 못 본 체하지 말고 너는 반드시 형제를 도와 그것들을 일으킬지니라"(신 22:3~4)

사회가 점차 악해지면서 '못본체' 증상이 심각해지고 있습니다. 자칫하면 손해를 보거나 상해를 입을 수도 있고 쓸데없는 일에 휘말리거나 시간과 물질을 낭비하게 되는 일이 벌어질 수 있기 때문입니다. 그럼에도 불구하고 그리스도인은 그리스도인만의 특성을 나타낼 수 있어야 하는데 지금은 그것을 전혀 드러내지 못하고 있는 형편입니다. 교회에 다니는 것만으로는 그리스도인의 표지를 나타낼 수 없습니다. 물론 오지랖이 넓어서 이 일 저 일에 기웃거리거나 참견하라는 뜻은 아닙니다. 그러나 최소한의 그리스도인으로서의 책임과 의무가 있습니다. 사실은 그것만으로도 세상 속에서 명백하게 그리스도인다움을 보여줄 수 있습니다. 본문의 내용은 바로 그 최소한의 의무를 말하는 것이고 그것이 바로 이스라엘인으로서의 순결을 지키는 것임을 말하는 것입니다.

우리 그리스도인들의 순결의 표지는 바로 이웃사랑이어야 합니다. 다른 종교들도 자기들만의 예배처소에서 고유한 방식의 종교예식을 행하고 있고 자기들만의 삶의 방식으로 살아가고 있습니다. 기독교가 단지 여러 종교 중의 하나는 아니지 않습니까? 다른 종교를 통해서도 구원을 받을 수 있는 것입니까? 그렇다면 굳이 기독교 복음을 믿지 않아도 됩니다. 그러나 기독교는 창조주 여호와 하나님만을 따르는 것이 아닙니까? 기독교의 첫 번째 특징은 그리스도의 사랑입니다. 본장은 그 사랑의 문제를 어떻게 표현할 것인가에 대한 규례입니다. 이웃의 일을 못 본 체하지 말라는 것이 이웃사랑의 실천적인 첫 번째 원칙일 것입니다. 그들이 가난하거나 소외되거나 불이익을 당하거나 위험한 일에 놓였을 때 그 상황이 바로 내가 당하고 있는 상황이라는 인식입니다. 세상에서 일어나고 있는 작고 사소한 일일지라도 못 본 체해서는 안 됩니다. 물건이든 형편이든 못 본 체하지 말고 도와주어야 합니다. 예수님은 우리의 죄를 못 본 체하지 않고 희생되셨습니다.

"가난한 자를 구제하는 자는 궁핍하지 아니하려니와 못 본 체하는 자에게는 저주가 크리라"(잠 28:27)

적용하기 : 당신이 이웃이나 사회의 문제 중에서 못 본 체했던 경우가 있었습니까? 생각나는 것을 이야기해 보고 회복할 수 있다면 회복하시기 바랍니다.

❷ 구해줄 자가 없었기 때문에

핵심구절 : "만일 남자가 어떤 약혼한 처녀를 들에서 만나서 강간하였으면 그 강간한 남자만 죽일 것이요 처녀에게는 아무것도 행하지 말 것은 처녀에게는 죽일 죄가 없음이라 이 일은 사람이 일어나 그 이웃을 쳐 죽인 것과 같은 것이라 남자가 처녀를 들에서 만난 까닭에 그 약혼한 처녀가 소리 질러도 구원할 자가 없었음이니라"(신 22:25~27)

본장 하반절은 다소 민망하고 또 우리의 현실과 맞지 않는 내용들이 들어있습니다. 광야생활 또는 가나안 정착 후에도 한 가정을 이루는 것은 대단히 복된 일이고 하나님께서 땅을 다스리고 정복하라고 하신 명령에도 부합되기 때문에 하나님께서 분명히 믿음의 가정에 복을 주실 것이지만, 그러나 정상적이고 순리적인 것이 아니라 예외적이거나 부도덕하거나 이스라엘의 사회질서를 훼손하는 모든 일에 있어서는 하나님께서 엄하게 징계하심으로써 이스라엘에서 악을 제하라고 명하십니다. 이렇게 명하신 이유는 본장에서 일관되게 흐르는 하나님의 창조질서를 거부하는 행위이기 때문에 그렇습니다. 오늘날 동성애나 혼합적인 이성교제나 남편 없이 체외수정으로 자식을 낳는 행위 등은 모두가 하나님의 창조질서에 정면으로 위배되는 행위들이며 하나님의 백성으로서의 순결을 훼손하는 일이 될 것입니다.

하지만 그렇다고 하여 행위 자체만을 무조건적으로 비판하고 심판하는 행위 또한 하나님의 창조질서에 위배된다는 사실을 알아야 합니다. 곧 그 행위의 내면에 숨겨져 있는 다양한 사정을 고려할 줄도 알아야 한다는 것입니다. 똑같이 강간을 당해도 성읍에서 당할 때에는 남자와 여자를 모두 처벌했지만, 들에서 당할 때에는 남자만 처벌하고 여자는 무죄하다고 했습니다. 왜냐하면 여자가 소리를 질러도 들을 사람이 없고 아무도 그녀를 구해줄 수 없기 때문입니다. 일단 여자에게는 그런 의사가 없다는 것을 인정하는 것입니다. 하나님은 무조건 일방적인 하나님이 아니라 각 사람의 사정과 내면의 동기를 충분히 고려하시는 분이십니다. 예수님은 간음하다가 현장에서 붙잡힌 여자를 용서해주셨습니다. 예수님은 상황과 의도 외에 영적인 상태까지 보십니다. 예수님께서 죄인들과 자주 어울리신 것은 그들의 영적인 상태 때문이었습니다. 우리도 영적인 점을 고려한다면 용서하지 못할 사람이 없고 그들의 구원을 위해 무엇이라도 할 수 있을 것입니다.

> "예수께서 일어나사 여자 외에 아무도 없는 것을 보시고 이르시되 여자여 너를 고발하던 그들이 어디 있느냐 너를 정죄한 자가 없느냐 대답하되 주여 없나이다 예수께서 이르시되 나도 너를 정죄하지 아니하노니 가서 다시는 죄를 범하지 말라 하시니라"(요 8:10~11)

적용하기 : 당신은 사람을 볼 때 어떤 점을 주로 봅니까? 자기중심적입니까, 이웃의 입장을 생각합니까, 아니면 그 이웃의 영적 상태를 주로 생각합니까? 앞으로 어떻게 해야 하겠습니까?

하나님의 마음 :

하나님은 사람들의 순결을 위해서 예수님으로 하여금 모든 사람의 죄를 짊어지게 하셨습니다. 당신은 하나님 앞에서의 순결을 위해 얼마나 애를 쓰고 있습니까?

오늘 받은 은혜 :

전체적으로 당신이 받은 은혜와 느낌을 기록해보십시오.

실천을 위한 도전 : (기도하여 성령님의 인도하심을 받으십시오.)

하나님의 창조질서와 순결을 지키기 위해 당신이 꼭 해야만 할 일을 한 가지만 발견하여 실천하시기 바랍니다.

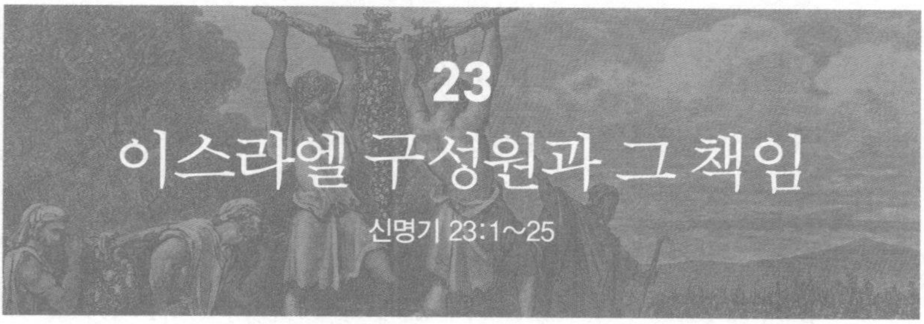

23
이스라엘 구성원과 그 책임

신명기 23:1~25

본문 개론

본장은 총회에 들어올 수 없는 사람들에 대해서 언급하는데 거세한 자와 근친상간을 통해 낳은 사생자들은 들어올 수 없었고, 암몬 사람과 모압 사람들도 금지되어 있었는데 이들은 발람의 궤계를 통하여 이스라엘을 공격했기 때문이었습니다. 반면에 에돔 사람들과 애굽 사람들은 이스라엘에 속한 지 3대가 지나면 들어올 수 있었습니다. 총회에 들어온다는 것은 종교적 예식에 참여할 수 있는 것과 총회의 직책을 맡을 수 있는 것과 이스라엘 백성과 결혼할 수 있는 것이라는 견해가 있지만 확실하지는 않습니다. 아무튼 거룩한 선민에 속한다는 것은 굉장히 중요한 일입니다.

계속해서 이스라엘 군대가 전쟁하는 동안 진영을 어떻게 정결하게 해야 하는지에 대해서 설명하고, 이어서 25장까지는 시내산 언약 아래 살아가는 백성들에게 요구되는 율법의 본질을 설명하기 위한 여러 가지 사례들을 소개하기 시작합니다. 본장에서는 도망친 노예를 버리지 말 것, 매춘과 매춘을 통해 벌어들인 소득의 헌금 금지, 백성들 간의 이자 거래 금지, 서원의 빠른 성취, 밭에서 곡식과 과일을 따먹는 규례 등 다섯 가지 작은 항목들을 설명하고 있습니다.

본문 구성

총회에 들어오지 못할 사람들	(1~8)
진영을 거룩하게 하는 법	(9~14)
도피한 종, 창기의 소득에 관하여	(15~18)
이자문제와 포도와 곡식을 먹는 규례	(19~20, 24~25)
서원에 대한 규례	(21~23)

본문 적용

원리를 깨우치지 못하면 기계적으로 무엇인가를 지키려고만 할 것입니다. 이스라엘은, 사람들은 원래 그렇지만, 하나님의 율법 속에 흐르는 하나님의 마음과 뜻을 헤아리기보다는 율법과 규례의 자구 하나하나에 대해서만 지키려고 애를 썼습니다. 그래서 예수님은 바리새인들에게 그런 외적인 규칙이 아니라 그 속에 담겨있는 믿음의 본질을 가르치려고 애를 쓰셨습니다. 그래서 예수님은 아버지께서 보여주신 것만 말한다고 하셨습니다. 그것이 하나님의 마음입니다. 그것이 본장에서 지시하는 모든 내용들 속에서 하나님의 마음을 깨우치려고 애를 써야 하는 이유입니다. 하나님께서 주신 말씀에는 그렇게 명하시는 이유가 들어있는 경우가 많습니다. 그 밖에는 지금까지 내려주신 하나님의 명령의 원리를 생각하면 전부 이해가 됩니다. 물론 그 당시의 사회적 상황을 우리가 정확하게 모르기 때문에 한계가 뚜렷할 때도 많지만 최대한 그런 상황까지 고려하여 현대 신앙인들에게 적용할 수 있도록 해야 할 것입니다. 하나님사랑과 이웃사랑의 계명 속에 전부 들어있습니다. 마음을 다하고 뜻을 다하고 힘을 다하여 하나님을 사랑하라는 말씀과 이웃을 자기 자신을 사랑하는 것처럼 사랑하라는 이 두 가지 계명 속에 100% 포함되어 있습니다.

❶ 용서받지 못할 민족들

핵심구절 : "네 하나님 여호와께서 너를 사랑하시므로 네 하나님 여호와께서 발람의 말을 듣지 아니하시고 네 하나님 여호와께서 그 저주를 변하여 복이 되게 하셨나니 네 평생에 그들의 평안함과 형통함을 영원히 구하지 말지니라" (신 23:5~6)

모압과 암몬과 에돔은 아브라함의 조카 롯의 아들과 이삭의 큰 아들 에서의 후손들입니다. 모두 아브라함의 손자들의 후손들입니다. 이들과 함께 애굽 사람들도 이스라엘의 총회에 들어올 수 있는가에 대해서 논란이 되는 사람들입니다. 그런데 모세는 암몬과 모압 족속들은 이스라엘의 총회에 들어올 수 없다고 분명하게 못 박고 있습니다. 그 이유는 발람에게 뇌물을 주고 이스라엘을 저주하게 만들었기 때문이라고 했습니다. 반면에 에돔 사람들과 애굽 사람들은 미워하지 말라고 하면서 그 이유를 각각 형제이기 때문이고 애굽 땅에서 이방인으로 살았기 때문이라고 합니다. 이들은 삼대 후에는 총회에 들어올 수 있었습니다. 우리는 여기에서 모압과 암몬을 거부하게 하시는 이유를 생각해 보아야 합니다. 그것은 하나님의 백성을 저주하려고 했기 때문이라고 했습니다. 하나님은 하나님의 백성을 저주하는 대상은 누구든지 미워하십니다. 같은 경우를 아말렉 족속에게서 찾아볼 수 있습니다. 25장에 나옵니다만, 하나님을 두려워하지 않고 이스라엘의 약한 자들을 뒤에서 친

아말렉을 결코 잊지 말라고 명하십니다.

하나님은 '하나님을 대적한' 사람들보다 오히려 '하나님의 백성들을 대적한' 자를 더욱 미워하십니다. 물론 같은 표현일 때가 많습니다만, 하나님의 대적들이 하나님을 모욕한다고 해서 모욕을 당하는 하나님은 결코 아니십니다. 오히려 그냥 내버려두는 것이 큰 형벌입니다. 왜냐하면 그들은 영원토록 하나님의 버림을 받을 것이기 때문입니다. 그러나 하나님의 자녀들을 대적하여 저주하고 뒤에서 약한 사람들을 쳤다면 그것은 경우가 다릅니다. 자녀들에게 직접적인 피해가 갈 수 있기 때문입니다. 이것이 우리가 하나님을 믿고 확신할 수 있는 이유입니다. 하나님은 반드시 우리의 편이 되어 주시기 때문입니다. 다만 우리도 하나님의 편이어야 합니다. 우리는 자기 마음대로 살면서 하나님만 우리의 편이 되어 달라고 기도한다면 하나님은 우리의 편이 되어 주실 수가 없습니다. 그것은 하나님께서 총회에 들어올 수 없다고 하는 사람들을 임의대로 들여오는 것을 포함합니다. 그래서 우리는 우리를 대신해서 죽으신 예수 그리스도를 위하여 살아야 하는 존재들입니다.

"그가 모든 사람을 대신하여 죽으심은 살아 있는 자들로 하여금 다시는 그들 자신을 위하여 살지 않고 오직 그들을 대신하여 죽었다가 다시 살아나신 이를 위하여 살게 하려 함이라"(고후 5:15)

적용하기 : 우리가 예수님을 대신하여 살 수 있는 방법은 이웃사랑 밖에는 없습니다. 당신은 삶 속에서 얼마나 예수님을 대신하고 있습니까? 어떤 부분에서 그렇습니까?

❷ 더러운 돈?

핵심구절 : "창기가 번 돈과 개 같은 자의 소득은 어떤 서원하는 일로든지 네 하나님 여호와의 전에 가져오지 말라 이 둘은 다 네 하나님 여호와께 가증한 것임이니라"(신 23:18)

돈은 다 같은 돈이지 돈에 무슨 기준이나 종류가 있는 것은 아닙니다. 돈을 헌금이나 기부금으로 많이 드릴수록 좋은 것인데 본절에서는 헌금해서는 안 되는 돈을 구별하고 있습니다. 헌금으로 드려서는 안 되는 돈을 창기가 번 돈과 개 같은 자의 소득이라고 정의하고 있습니다. 아직 상업이 발달하지 못하고 유목민으로서의 정체성을 가지고 있으며 가나안 땅에 들어가서야 밭이며 과수원이 생겨 농작물을 추수할 수 있을 텐데, 그 중에 개 같은 자의 소득은 어떤 것을 말하는 것일까요? 본문에서는 이것은 남창이라고 보는 것이 맞을 것입니다. 창기와 함께 가증한 자임에 틀림이 없습니다. 오늘날 집창촌 여성이 헌금을 내는 경우를 간혹 책에서 읽을 수 있는데 문자적으로만 하면 이 헌금은 받아서는 안 됩니다. 그러나 그 여성들의 믿음에 대한 기대와 상처 입은 마음들을 생각하면 받지 않을 수가 없습니다.

이런 모든 내용들을 종합하여 하나님께 드리는 헌금의 정함과 부정함에 대해서 생각하지 않을 수가 없습니다. 예수님은 돈을 '불의의 재물'이라고 말씀하신 바가 있습니다(눅 16:9~11). 정직하게 일하여 열심히 저축한 돈은 정직한 돈입니다. 그러나 자본주의 사회에서 대개의 큰돈들은 정직하다기보다는 다소의 부정한 요소들이 포함되어 있는 경우가 더 많을 것입니다. 무슨 투자니 투기니 하는 돈들은 대개 자본주의 틈새에서 얻는 재물들이고 각종 부정이나 불법적인 요소들을 포함하는 경우가 대부분입니다. 그렇다면 대형교회들에서 드려지는 많은 헌금들은 부정한 요소들이 아주 많이 포함되어 있을 것입니다. 그렇다고 본문의 명령대로 그것을 가려서 구분해서 받아야 하겠습니까? 구분할 수 없을 뿐만 아니라 그렇게 해서도 안 됩니다. 그렇게 하자면 삭개오의 재산 나눔도 허락되지 말아야 할 것입니다. 무슨 대안을 말하는 것이 아니라 그러는 중에서도 하나의 해법이랄 수 있는 것은 예를 들어 교회에 드려지는 헌금의 50% 이상을 그냥 가난한 사람들과 지역사회에 나누는 일로 사용하는 것입니다. 선교단체나 자선단체에 기부하는 것 말고 직접 발로 뛰면서 나눈다면 부정한 재물의 개념이 개입되지 않는 의미 있는 일이 되지 않을까 합니다.

> "지극히 작은 것에 충성된 자는 큰 것에도 충성되고 지극히 작은 것에 불의한 자는 큰 것에도 불의하니라 너희가 만일 불의한 재물에도 충성하지 아니하면 누가 참된 것으로 너희에게 맡기겠느냐"(눅 16:10~11)

적용하기 : 우리의 소유 중에는 가난한 사람들의 몫이 포함되어 있다는 사실을 아십니까? 당신의 소유에는 그것이 얼마나 포함되어 있습니까?

하나님의 마음 :

거룩하게 구별된 하나님의 사람들에 대한 정결요구는 필수적입니다. 구별된 삶을 살지 못하면 선민일 수가 없습니다. 당신은 얼마나 구별된 삶을 살고 있다고 생각합니까?

오늘 받은 은혜 :

전체적으로 당신이 받은 은혜와 느낌을 기록해보십시오.

실천을 위한 도전 : (기도하여 성령님의 인도하심을 받으십시오.)

하나님과 사람 앞에 조금이라도 부끄러운 점이 있습니까? 신앙이 깊어지면 그것이 잘 보입니다. 당신의 부끄러움은 무엇인지 한 가지만 택하여 보완하거나 버리기 바랍니다.

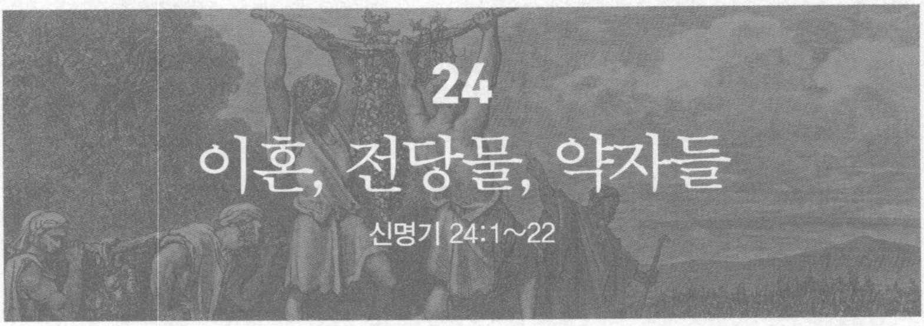

24
이혼, 전당물, 약자들

신명기 24:1~22

본문 개론

앞 장에 이어서 율법이 적용되어야 할 다양한 사례들을 제시하고 있습니다. 이웃과 공동체를 영위하는 데 필요한 조처들입니다. 이런 사항들은 나의 권리와 생명이 소중한 것처럼 이웃의 권리와 생명 역시 소중하다는 사실을 일깨우는 것입니다. 먼저 이혼에 대한 규례인데, 비록 이혼증서를 주고 이혼을 허락하지만 그것은 합법화하라는 법이 아니라 남자 마음대로 내쫓지 못하게 하는 것이고, 이혼한 여자와 다시 재혼하지 못하게 하는 것은 기분에 따라 마음대로 하는 것을 금지하기 위한 것입니다. 약자인 여성의 권리를 배려하는 법입니다. 전당물에 대해서 몇 번 나오는데 모두가 가난하고 소외된 이웃을 보호하라는 취지의 말씀입니다. 생활도구를 전당잡지 못하게 하고, 동족을 종으로 팔지 못하게 하며, 공동체 전체를 보호하도록 나병에 대한 지시를 내리신 것입니다. 그리고 계속해서 가난한 자의 전당물 취급방법과 옷은 밤이 되기 전에 돌려줘야 할 것, 품삯을 해지기 전에 주어야 할 것, 추수한 이후의 곡식이나 포도는 남겨둘 것을 지시하고 있습니다.

본문 구성

이혼에 대한 규례	(1~4)
신혼남편과 군대에 관하여	(5)
전당물에 관한 규례	(6, 10~13, 17)
유괴범과 나병에 대한 규례	(7~9)
소외된 자를 학대하지 말라.	(14~16)
빈자들에 대한 추수 후의 배려	(19~22)

본문 적용

율법은 처음부터 마지막까지 이웃사랑에 관한 살아있는 법입니다. 모세오경에서 하나님께 제사하고 우상을 섬기지 않으며 전쟁에 임할 때의 명령 외에는 전부가 이웃사랑에 관한 하나님의 명령입니다. 오늘날에도 모세오경에서 명하시는 이웃사랑에 관한 구체적인 명령들은 현실에서 얼마든지 실천할 수 있는 내용들입니다. 신약시대에 이웃사랑의 법이 오히려 너무 소홀하게 취급되고 있습니다. 물론 구약의 이웃사랑은 이스라엘 내에서의 형제사랑으로 한정되어 있습니다. 오히려 이웃 나라들을 원수로 취급하고 적국으로만 상대할 뿐입니다. 그렇게 본다면 이웃을 미워하고 쳐부수는 것이 구약의 이웃사랑인 것처럼 보일 것입니다. 그러나 그것은 그리스도의 인간구원이 성취되기 이전의 과도기적인 조처에 불과합니다. 이스라엘의 거룩과 성결을 지키시기 위한 고육지책이었던 것입니다. 이방과 교류하게 되면 여호와 유일 신앙은 훼손되어버리고 그렇게 되면 이스라엘은 더 이상 이스라엘이 아니게 되기 때문입니다. 그런데 오늘날 이 좁은 의미의 이웃사랑이 온 인류 전체로 확대되었습니다. 그러나 영적인 의미의 이방은 대적해야 하지만 넓은 의미에서 모든 인간을 이웃으로 대해야 하게 되었습니다. 예수님의 인간 사랑이 바로 우리의 이웃사랑이어야 합니다.

❶ 축복하게 만드는 행동

핵심구절 : "네 이웃에게 무엇을 꾸어줄 때에 너는 그의 집에 들어가서 전당물을 취하지 말고 너는 밖에 서 있고 네게 꾸는 자가 전당물을 밖으로 가지고 나와서 네게 줄 것이며 그가 가난한 자이면 너는 그의 전당물을 가지고 자지 말고 해 질 때에 그 전당물을 반드시 그에게 돌려줄 것이라 그리하면 그가 그 옷을 입고 자며 너를 위하여 축복하리니 그 일이 네 하나님 여호와 앞에서 네 공의로움이 되리라"(신 24:10~13)

하나님은 가난한 자의 기도를 더 잘 들으신다는 사실을 알고 있습니까? 그것은 가난한 사람들이 부자들보다는 조금은 더 의로울 수 있기 때문이기도 하지만 그것보다는 더 간절한 기도를 드리기 때문입니다. 그들이 더 적은 것을 드려도 가장 많은 것을 드리는 것으로 받으십니다. 본문에서 우리는 가난한 사람들에 대한 세심한 배려의 모습을 엿볼 수 있습니다. 어쩔 수 없이 전당물을 담보로 잡아야 할 경우에도 집안에 직접 들어가서 전당물을 가져오지 말고 그 집주인이 스스로 가지고 나와서 주어야 한다고 합니다. 무엇 때문이겠습니까? 아무리 가난한 사람이라도 누추한 집안을 보여주고 싶지 않을 것이고, 정해진 담보물 외에 다른 필수품들을 담보잡지 못하도록 하는 것이며, 서로가 최소한의 인격적인 대접을 하게 함으로써 생활과 권리가 침해당하지 않도록 하기 위한 조처입니다. 그러면 가난한 사람들은 이 작은 배려에 감사함을 느끼고 하나님께 축복을 빌 것입니다. 하나님은 이들의 기도를 잘 들으시고 응답해주실 것입니다. 반면에 15절에서 말씀하듯이 품삯을 해 진 이후로 미루면 가난한 사람들이 여호와께 호소할 수 있습니다. 그렇게 되면 죄가 될 것이라고 했습니다. 작은 배려에 의해 복이 될 수도 있고 죄가 될 수도 있습니다.

우리가 이웃사랑이라고 하여 큰 금액을 여러 단체에 보내는 것이나 나눔 행사를 통하여 사람들에게 홍보하는 경우가 많은데, 그것이 여러 가지 면에서 필요한 것이라고 하더라도 이웃에 대한 기본적인 세심한 배려가 반드시 필요합니다. 오히려 돈이나 물질보다는 그런 세심한 배려를 더욱 고맙게 생각하고 거기에서 그리스도의 사랑을 발견하게 될 것입니다. 믿음이 있든 없든 하나님께서도 가난한 사람들의 마음을 잘 헤아리시고 거기에 응분의 공의로움으로 인정하실 것입니다. 거꾸로 생각해서, 이웃사랑이라고 할 때 나눌 수 있는 물질이 없이도 가능하다는 사실을 발견할 수 있습니다. 이웃에 대한 마음과 배려와 보살핌이 어떤 물질보다 더 큰 나눔이 될 수 있는 것입니다. 오히려 사랑과 배려 없는 나눔은 하나님 앞에서 아무런 인정도 받지 못할 수도 있습니다.

> "임금이 대답하여 이르시되 내가 진실로 너희에게 이르노니 너희가 여기 내 형제 중에 지극히 작은 자 하나에게 한 것이 곧 내게 한 것이니라 하시고"(마 25:40)

적용하기 : 우리가 무관심하게 지나치는 것들 중에는 하나님께서 아주 중요하게 여기시는 것들이 많습니다. 당신은 혹시 그런 적이 없었습니까? 기억해보시기 바랍니다.

❷ 입장을 바꾸어서 배려하라.

핵심구절 : "너는 애굽에서 종 되었던 일과 네 하나님 여호와께서 너를 거기서 속량하신 것을 기억하라 이러므로 내가 네게 이 일을 행하라 명령하노라 … 너는 애굽 땅에서 종 되었던 것을 기억하라 이러므로 내가 네게 이 일을 행하라 명령하노라"(신 24:18, 21)

애굽을 미워하지 말라는 것은 과거에 애굽에서 종 되었던 시절이 있었기 때문입니다. 애굽 종살이의 민족적, 개인적 경험이 오히려 이웃을 생각할 줄 알게 만드는 소중한 경험일 수 있습니다. 그 시절을 생각하면서 나그네와 고아와 과부처럼 소외되고 외롭고 힘들고 가난한 이웃들을 마음으로 배려해야 합니다. 그래서 전당물을 받을 때에도 최소한의 권리와 자존심을 지켜주어야 하고, 품삯을 해지기 전에 지불하여 그날의 생활을 할 수 있게 해야 했습니다. 객이나 고아의 송사를 억울하게 하지 말아야 합니다. 그렇다고 무조건 그들에게 유리한 판결을 내리라는 말씀은 아닙니다. 밭이나 과원에서 곡식이나 감람열매나 포도를 거둘 때에도 가난한 사람들을 위해 남겨두어야 했습니다. 율법의 곳곳에는 거룩한 공동체를 이루기 위한 배려가 발견됩니다. 율법은 아예 그런 배려의 법이라고 할 수 있을 정도입니다. 그런데 중요한 것은 이것이 권면사항이 아니고 하나님의 명령이라는 사실이었습니다.

이웃사랑은 선택사항이 아니라 필수사항입니다. 배려가 의무라는 말입니다. 왜냐하면 배려가 없는 사람은 하나님의 백성으로서의 마음가짐 자체가 되어있지 않은 사람이기 때문입니다. 그리스도인이라고 하면서 다른 사람에게 전혀 관심이 없고 오직 자기 유익과 이익을 위한 일에만 몰두한다면 참된 의미의 성도가 아닐 것입니다. 이웃을 사랑하되 마음으로 해야 합니다. 작고 큰 것이 문제가 아닙니다. 작은 일도 큰 마음으로 하면 사람도 하나님도 감동하시지만 큰 일도 작은 마음으로 하면 어느 누구도 감동하지 않습니다. 더 강조한다면 하나님은 그리스도의 피를 통하여 우리를 부르셨는데, 우리를 부르신 중요한 목적이 바로 이웃사랑이라는 말입니다. 우리는 복음의 공동체를 전파하는 사람들입니다.

"또 마음을 다하고 지혜를 다하고 힘을 다하여 하나님을 사랑하는 것과 또 이웃을 자기 자신과 같이 사랑하는 것이 전체로 드리는 모든 번제물과 기타 제물보다 나으니이다"(막 12:33)

적용하기 : 어렵게 사는 사람들에 대해서 얼마나 관심을 가지고 있습니까? 당신이 당장 할 수 있는 일은 무엇입니까?

하나님의 마음 :

하나님은 하나님의 사랑이 흐르는 세상을 원하십니다. 우리가 그것을 감당해야 합니다. 하나님을 사랑하는 마음, 하나님께서 사랑하시는 마음을 어떻게 품을 수 있겠습니까?

오늘 받은 은혜 :

전체적으로 당신이 받은 은혜와 느낌을 기록해보십시오.

실천을 위한 도전 : (기도하여 성령님의 인도하심을 받으십시오.)

먹고 사는 문제는 거의 사라졌지만 여전히 마음과 심령의 가난과 소외를 겪고 있는 무수한 사람들이 있습니다. 당신이 그들을 위해 할 수 있는 한 가지 일을 택하여 행하시기 바랍니다.

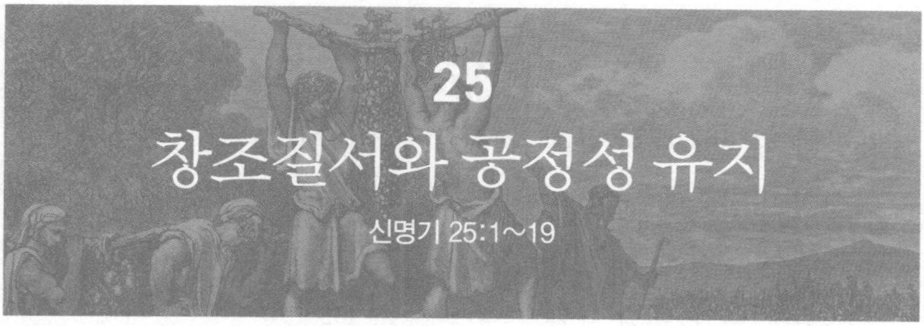

25
창조질서와 공정성 유지

신명기 25:1~19

본문 개론

본장은 전체적으로는 백성들 사이의 공정성 유지와 창조질서의 수행과 관련된 규례들입니다. 죽은 형의 아내와의 결혼 문제는 창조질서와 관련됩니다. 창조질서는 생육과 번성입니다. 형의 미망인과 결혼하여 가계를 잇는 것이 여기에 포함됩니다. 남편을 돕기 위해 싸우는 상대방의 생식기를 잡는 것은 손목을 자르는 형에 해당됩니다. 역시 생육과 번성에 위배되는 일입니다. 그 다음 주제는 앞 구절에 나오는 재판에서의 태형에 관한 규례입니다. 태형을 내리되 40대를 넘지 말도록 했습니다. 과다하게 때리는 것은 인간의 존엄성을 해치는 일입니다. 죄인이라도 분명히 형제들입니다. 일하는 소에게 망을 씌우지 말라는 것은 짐승에게 대한 배려라고 할 수 있는데 그것은 레위인들에게 생활을 보장하는 것과 같은 원리입니다. 마지막으로 아말렉을 멸하라고 하신 이유는 그들은 이스라엘이 지치고 피곤하여 약해졌을 때 뒤에 떨어진 약자들을 공격했기 때문이라고 했습니다. 그들은 하나님을 두려워하지 않았습니다. 이것은 공정성에 관한 내용들입니다.

본문 구성

재판과 태형에 대한 규례 (1~4)
형제의 미망인에 대한 의무 (5~10)
싸움에서 금지된 사항 (11~12)
공정한 저울에 대한 규례 (13~16)
아말렉에 대한 명령 (17~19)

본문 적용

어려운 이웃들에 대한 최소한의 배려가 하나님의 백성들의 기본 도리인 것과 마찬가지로, 모든 경우에 공정성을 유지하는 것도 필수적인 의무여야 할 것입니다. 왜냐하면 하나님의 속성이 바로 공평과 정의이기 때문입니다. 하나님의 정의를 실현하되 편파적이거나 차별적이어서는 안 됩니다. 차별이라고 하면 유난히 예민한 반응을 보이는 경우가 있는데 차별은 공평과 정의 모두와 관련 있는 개념입니다. 그 무엇과도 차별하지 말아야 하는 것과 마찬가지로 공평을 해치는 것도 안 됩니다. 모든 사람에게 똑같이 대해주는 것이 공평이 아니고 각 사람의 상황에 맞게 공정하게 하는 것이 공평입니다. 차별하지 말라고 하면서 또 다른 역차별을 낳는다면 그것은 더욱 심한 차별이거나 교묘하게 숨겨진 차별이 될 수밖에 없습니다. 본장은 공정하게 재판하되 정해진 판결 이상으로 차별당하면 안 된다는 것으로부터 출발하여 곡식 떠는 소에게 망을 씌우지 말라고 함으로써 누구나 생존의 권리가 있음을 주지시키고, 당연히 속이는 저울은 엄격하게 금함으로써 누군가 불이익을 당하지 않도록 했으며, 더 나아가서 아말렉 족속의 불공정성을 문제 삼아 그들을 멸할 것을 명하시는 것으로 마칩니다. 기독교인라고 하여 비기독교인들보다 더 일방적으로 복을 주시는 것이 아니라 언제 어디에서 어떤 일 때문에라도 공정하지 못한 삶을 산다면 그것은 하나님의 뜻과는 정면으로 배치되는 것입니다.

❶ 곡식 떠는 소의 망

핵심구절 : "곡식 떠는 소에게 망을 씌우지 말지니라"(신 25:4)

기독교 신앙의 진수는 모든 것을 하나님께서 책임져 주신다는 것을 믿고 하나님께 맡긴다는 것입니다. 만약에 이것이 성취되지 않는다면 그 하나님은 우리의 여호와 하나님이 아닙니다. 물론 하나님의 문제가 아니라 사람의 문제입니다. 사람이 그것을 확실하게 믿고 완전히 맡길 경우에 한하여 하나님은 모든 것을 책임져 주십니다. 단, 맡겨주신 하나님의 일을 최선을 다해 충성해야 한다는 전제조건이 붙어야 합니다. 그리스도인들이 세상을 살면서 불법이나 편법을 사용한다거나 자꾸 지름길로만 가려고 하거나 쉽게 많이 돈을 벌려고 하거나 세상의 이치를 쫓아가고자 하는 이유는 하나님께 전적으로 맡기지 못하기 때문입니다. 그리스도인이 세상과 구별되지 못하는 이유가 무엇입니까? 세상과 똑같은 방식으로 살기 때문이 아닙니까? 우리는 곡식 떠는 소에게 망을 씌우지 말라는 하나님의 말씀을 그대로 믿어야 합니다.

기독교가 세상을 정복한 것은 무엇의 힘이었습니까? 물론 복음의 힘이고 성령님의 능력이며 하나님의 섭리였습니다. 그렇지만 초기 그리스도인들이 복음의 통로가 되고 매개가 되지 못했다면 복음은 전 세계로 퍼져나가지 못했을 것입니다. 그러면 그 복음의 통로요 매개는 무엇이었습니까? 그것은 복음의 능력과 함께 그리스도인들의 삶의 방식이었습니다. 복음을 직접 전하기도 했지만 그들은 복음적인 삶을 살았습니다. 모든 것을 하나님께 다 맡기는 삶입니다. 모든 것을 다 맡긴다는 것은 불법이나 편법이나 세속적인 방식이나 성공이나 번영을 추구하지 않았다는 뜻입니다. 모든 삶을 하나님께서 다 책임져주시고 위험이나 고난에도 반드시 함께 하시고 이기게 해주신다는 것입니다, 그것은 심지어 죽음까지도 하나님께 맡기는 것이었습니다. 그것이 복음의 능력이요 힘인 것입니다. 복음은 곧 그리스도의 죽으심이기 때문입니다. 하나님께서 나의 생활과 역경과 미래와 영생까지 책임져주십니다. 이것을 믿는다면 오직 예수님의 가르침을 따라 살 수 있을 것입니다.

"너희 전대에 금이나 은이나 동을 가지지 말고 여행을 위하여 배낭이나 두 벌 옷이나 신이나 지팡이를 가지지 말라 이는 일꾼이 자기의 먹을 것 받는 것이 마땅함이라"(마 10:9~10)

적용하기 : 당신은 하나님께 어디까지 맡기고 있습니까? 하나님께 전적으로 맡기지 못하고 있다면 그 이유는 무엇입니까?

❷ 온전하고 공정한 저울

핵심구절 : "너는 네 주머니에 두 종류의 저울추 곧 큰 것과 작은 것을 넣지 말 것이며 네 집에 두 종류의 되 곧 큰 것과 작은 것을 두지 말 것이요 오직 온전하고 공정한 저울추를 두며 온전하고 공정한 되를 둘 것이라 그리하면 네 하나님 여호와께서 네게 주시는 땅에서 네 날이 길리라"(신 25:13~15)

앞 단락과 연결되는 부분입니다만, 그리스도인들의 가장 큰 특징이 정직과 공평이어야 합니다. 어떤 경우에도 속이지 않고 차별하지 않으며 불법과 탈법, 편법을 죽음보다 더 싫어하는 것입니다. 부정한 방법이나 쉽게 돈을 버는 일이나 더 잘 사는 것에 대한 경계, 먼저 손해를 보려는 자세, 해를 입어도 보복하지 않는 태도, 아예 삶의 목표와 목적 자체가 이 땅이 아닌 것처럼 보이는 삶의 방식입니다. 그러니까 저울을 속이지 않는 차원이 아니라 아예 이 세상 사람이 아닌 것과 같은 그런 가치관을 드러내는 것입니다. 그런 사람이 그리스도인입니다. 너무 지나친가요? 물론 그렇습니다. 그렇게 완전하게 사는 사람은 극소수일 것입니다. 하지만 그것이 그리스도인의 참 모습입니다. 예수님은 우리가 그렇게 살게 하시기 위해 십자가에 달려 고통과 모욕을 당하시고 돌아가셨습니다. 그런데 부활하시고 가장 높은 자리에 앉으셨습니다.

단지 온전하고 공정한 저울로는 많이 부족합니다. 그런 것은 세상 사람들도 많이 합니다. 세상에서도 정직한 사람이 얼마나 많습니까? 그런데 그리스도인들이 세상의 정직한 사람만도 못해서야 되겠습니까? 다들 예수 믿으면 복 받는다고 하면서 축복, 축복 하고 외치지만 우리가 받은 세상적인 축복은 세상 사람들이 훨씬 더 많이 받고 있습니다. 불신자들 중에 부자가 얼마나 많습니까? 그런데 그 세상의 복을 부러워하고 그리로 가려고 해서 되겠습니까? 세상에서 상업적인 성공을 향하여 치닫는 것이 아니라 상업의 목적이 하나님이어야 하고 복음이어야 하고 이웃사랑이어야 한다는 말입니다. 세상의 모든 질서를 답답할 정도로 잘 지키는 사람들이 그리스도인들이어야 합니다. 그래야 하나님께서 보시고 개입하지 않으시겠습니까? 우리가 정직하게 행하고 불법을 멀리 하고 삶의 목적을 하나님께 두어야 하는 까닭은 우리의 삶에 하나님께서 개입하시도록 하기 위해서입니다. 우리의 복을 위하여 사는 것이 믿음이 아닙니다. 하나님께서 하시도록 우리를 비우고 버리고 죽이는 것이 우리의 삶의 방식이어야 합니다.

> "이제 내가 너희에게 쓴 것은 만일 어떤 형제라 일컫는 자가 음행하거나 탐욕을 부리거나 우상 숭배를 하거나 모욕하거나 술 취하거나 속여 빼앗거든 사귀지도 말고 그런 자와는 함께 먹지도 말라 함이라"(고전 5:11)

적용하기 : 스스로 생각하기에 당신은 하나님께 얼마나 맡기고 있다고 생각합니까? 충분히 맡기지 못하는 이유는 무엇입니까?

하나님의 마음 :

하나님은 우리에게 항상 복을 주기를 원하십니다. 그 복을 받는 비결은 오직 하나님의 뜻대로 하는 것입니다. 당신은 얼마나 하나님의 뜻을 따라 살고 있습니까?

오늘 받은 은혜 :

전체적으로 당신이 받은 은혜와 느낌을 기록해보십시오.

실천을 위한 도전 : (기도하여 성령님의 인도하심을 받으십시오.)

본장에서는 하나님의 창조원리와 섭리(공정)의 원리를 가르치고 있습니다. 이 두 가지 사항에서 부족한 것을 한 가지씩 발견해내고 그것을 고치기로 결단하기 바랍니다.

26
첫 수확물에 대한 감사

신명기 26:1~19

본문 개론

공동체 내의 사회생활에 관한 규례들을 필요에 따라 다양하게 설명하고 제시한 후에 마지막 마무리 부분에 관한 내용입니다. 본 장은 전체적으로 하나님께 대하여 감사드리고 찬양하는 고백의 내용들입니다. 먼저 땅에서 거둔 첫 수확물을 드려 레위인과 객과 함께 즐거워하면서 감사해야 할 고백들에 대한 구체적인 내용을 제시하고 있습니다. 하나님사랑에 대한 고백이 전제가 되어야 하는 것입니다. 아울러 소위 제3의 십일조를 내어 성읍 안에 있는 모든 사람들, 곧 레위인과 객과 고아와 과부들까지 온전하게 즐길 수 있도록 하라고 하면서 하나님께 드릴 기도의 고백들을 제시하고 있습니다. 이렇게 볼 때 먼저 이웃사랑에 대한 신앙고백이 중심이 되어서 주변 사람들과 함께 나누며 즐거워하는 것이 모든 수확물에 대한 기본 정신이라고 할 수 있을 것입니다. 그리고 마지막으로 그렇게 감사와 찬양과 이웃과 더불어 살아가는 모습을 보일 때 하나님의 보배로운 백성들이 되고 하나님께서 거룩한 성민이 되게 하실 것이라는 약속이 담겨 있습니다.

본문 구성

토지의 첫 소산을 드려라.	(1~4)
하나님께 대한 감사와 찬양	(5~11)
제3의 십일조	(12~15)
하나님의 보배로운 백성	(16~19)

본문 적용

본장의 내용을 한 마디로 하면 하나님사랑과 이웃사랑입니다. 하나님만 사랑한다고 해서 온전한 하나님사랑이 되는 것이 아니고 이웃사랑에만 중점을 둔다고 해서 온전한 이웃사랑이 이루어지는 것도 아닙니다. 이웃사랑 없는 하나님사랑은 반쪽짜리이고 하나님사랑 없는 이웃사랑도 반쪽짜리입니다. 이 말은 이웃사랑 없는 하나님사랑은 별 가치가 없다는 말임과 동시에 하나님사랑 없는 이웃사랑도 무가치하다는 말입니다. 다소 과장된 말일 수 있지만 원리적으로 그렇습니다. 차라리 하나님사랑 50점, 이웃사랑 50점이면 총점 50점을 줄 수 있지만, 어느 한 쪽이 빠진 사랑은 영점밖에 줄 수 없다는 말입니다.

바리새인들은 이웃사랑 없는 하나님사랑에만 지나치게 몰두했습니다. 그들도 구제를 열심히 했지만 그것은 사람에게 보이려는 구제였습니다. 하나님사랑이 빠진 구제였다는 말입니다. 많은 신앙인들이 교회 안의 신앙생활에만 몰두하고 있지만, 그리스도인들이 먼저 이웃에게 다가가서 물질과 시간을 드려 나눔과 섬김을 행하지 않으면 메아리 없는 공허한 울림에 불과하게 될 것입니다. 하나님께만 초점을 맞추면 율법주의자가 되기 쉽고 사람에게만 초점을 맞추면 자유주의자가 되기 쉽습니다. 온전한 그리스도인은 하나님과 사람을 동시에 바라보아야 합니다. 그래야 하나님의 마음을 품고 이웃을 살피게 됩니다.

❶ 주의 말씀을 잊지 않았나이다.

핵심구절 : "그리 할 때에 네 하나님 여호와 앞에 아뢰기를 내가 성물을 내 집에서 내어 레위인과 객과 고아와 과부에게 주기를 주께서 내게 명령하신 명령대로 하였사오니 내가 주의 명령을 범하지도 아니하였고 잊지도 아니하였나이다"(신 26:13)

본장은 이스라엘 백성들이 가나안 땅에 들어갔을 때 감사와 헌신의 의식을 행하라는 내용입니다. 과거를 회상하면서 감사의 고백을 드리고 하나님의 계명을 성실하게 준수하겠다는 결단을 이야기합니다. 5절부터 방랑하는 아람 사람이었던 자신들을 애굽으로 들이셔서 번성한 민족이 되게 하셨음을 말하고(5) 애굽에서의 중노동의 고통과(6) 탄식의 기도와(7) 하나님의 표적과 기사와(8) 젖과 꿀이 흐르는 땅을 주심(9)으로 이어지는 회상의 순간들은 참으로 의미 있는 고백이고, 토지소산의 맏물과 하나님께 예배로 드리는 것(10)은 하나님께 올리는 감사의 표현입니다. 그리고 공동체로서의 의식을 가지고 명하신 제3의 십일조를 통하여 똑같은 하나님의 성민들인 가난하고 소외된 사람들과 함께 즐긴다는 것은 그만큼 하나님의 모든 말씀을 청종한다는 증거요 그 명령을 범하지 않고 항상 그것을 기억하고 있다는 반증이 되는 것입니다. 그렇게 될 때 하나님의 보배로운 백성들이 되는 것입니다.

사람은 원래 망각하기를 잘 하는 존재입니다. 이스라엘 백성들은 하나님의 은혜와 놀라운 기적들을 망각하고 보이지 않는 하나님의 섭리보다는 보이는 우상숭배와 불평과 원망과 반역을 반복하였습니다. 그런데 그런 뼈아픈 역사를 통하여 출애굽 1세대들은 광야에서 전부 죽었고 그런 모든 과정들을 경험하지 못했던 2세대들이 가나안 입성을 코앞에 두게 되었습니다. 그들에게 가장 중요한 것은 무엇입니까? 하나님의 은혜를 잊지 않는 것입니다. 비록 선배들은 다 잊어버린 기억이지만 후손들은 그것을 정확하게 기억해야 합니다. 그래야 조상들에게 맹세하신 땅을 주시고 그 땅에 복을 내려 달라고 기도할 수 있는 것입니다. 겉으로 주어지는 조건을 충족하지 못하고 어떻게 내적인 충만함을 얻을 수 있겠습니까? 신약시대 그리스도인들에게도 이것은 분명한 하나님의 뜻입니다. 비록 예수님으로 인하여 모든 것이 성취되었지만 율법 속에 담겨진 하나님의 마음은 여전히 살아있습니다. 우리도 하나님의 말씀을 충족시켜야 합니다.

"누구든지 그의 말씀을 지키는 자는 하나님의 사랑이 참으로 그 속에서 온전하게 되었나니 이로써 우리가 그의 안에 있는 줄을 아노라"(요일 2:5)

적용하기 : 당신은 어떤 일을 결정하거나 선택할 때 무엇을 기준으로 삼고 있습니까? 말씀의 기준을 얼마나 지키고 있습니까?

❷ 보배로운 백성이 되는 비결

핵심구절 : "네가 오늘 여호와를 네 하나님으로 인정하고 또 그 도를 행하고 그의 규례와 명령과 법도를 지키며 그의 소리를 들으리라 확언하였고 여호와께서도 네게 말씀하신 대로 오늘 너를 그의 보배로운 백성이 되게 하시고 그의 모든 명령을 지키라 확언하셨느니라"(신 26:17~18)

가장 보배로운 사람은 말씀을 통하여 들려주시는 하나님의 음성을 듣는 사람입니다. 하나님의 음성은 그 의미와 뜻을 알아듣는 것이 중요합니다. 똑같은 말씀을 주셔도 각자의 신앙수준에 따라 전혀 다르게 해석하고 받아들입니다. 신앙의식의 정도에 따라 성경에서 말씀하시는 하나님의 마음을 알아듣기도 하고 순전히 자기 중심적으로 받아서 전혀 다른 말씀으로 받기도 합니다. 그래서 말씀을 읽을 때에나 묵상할 때 중요한 것은 하나님의 마음을 더 깊이 깨닫는 것입니다. 보통의 수준으로 읽으면 하나님의 말씀이 아니라 듣고 싶은 것만 듣고 받고 싶은 것만 받게 됩니다. 그렇게 되어서는 보배로운 백성이 될 수 없습니다. 이스라엘 백성들이 하나님의 뜻을 따라 명령대로 행하면 하나님께서도 그대로 받아들이십니다. 그렇게 될 때 하나님께서도 보배로운 백성으로 받아들여주십니다. 그 조건은 마음을 다하고 뜻을 다하여 지켜 행하는 것입니다(16). 겉으로만 지켜도 많은 유익이 있지만 마음으로 지키지 않으면 하나님께서도 받으실 수가 없습니다.

오늘 우리는 모두가 보배로운 백성들입니다. 왜냐하면 하나님께서 우리를 택하시고 그리스도의 피로 죄 씻음과 거듭남을 주셨기 때문입니다. 구약시대와는 정 반대입니다. 그 시대에는 율법을 다 지키면 구원해 주셨는데 오늘날에는 구원해 주셨으니 모든 명령을 다 지킵니다. 우리가 보배로운 백성이 된 것은 우리의 공로가 아닙니다. 우리가 하나님의 명령을 다 지켰기 때문도 아닙니다. 마음을 다하고 뜻을 다해서 하나님의 말씀을 행한 것도 아니었습니다. 모든 것이 오직 그리스도 예수님의 공로입니다. 왜냐하면 하나님의 명령을 완전하게 지킨 사람이 없기 때문입니다. 하나님께서 이방 민족들 중에서 보배로운 민족으로 택하셨지만 그것을 사실상 제대로 보존할 수가 없었던 것입니다. 인간의 죄와 악과 욕심 때문입니다. 그래서 예수님을 보내셨습니다. 그렇게 우리는 보배로운 백성들이 되었습니다. 이제 남은 것은 우리가 보배로운 백성으로 살아가는 것입니다. 여전히 어렵지만 우리에게는 성령님이 계십니다. 우리를 비우고 맡기면 보배롭게 살도록 해주십니다.

"예수 그리스도의 종이며 사도인 시몬 베드로는 우리 하나님과 구주 예수 그리스도의 의를 힘입어 동일하게 보배로운 믿음을 우리와 함께 받은 자들에게 편지하노니"(벧후 1:1)

적용하기 : 당신은 얼마나 보배로운 백성처럼 살고 있습니까? 그렇지 못하다면 그 이유는 무엇입니까?

하나님의 마음 :

하나님은 우리에게 베풀어주신 은혜를 전부 기억하고 순종하기를 원하십니다. 당신은 그 은혜를 얼마나 자주 기억하고 실천하고 있습니까?

오늘 받은 은혜 :

전체적으로 당신이 받은 은혜와 느낌을 기록해보십시오.

실천을 위한 도전 : (기도하여 성령님의 인도하심을 받으십시오.)

본장의 결론은 하나님사랑과 이웃사랑입니다. 당신이 하나님사랑을 이웃사랑으로 드리기 위한 실천사항 하나를 행해보십시오.

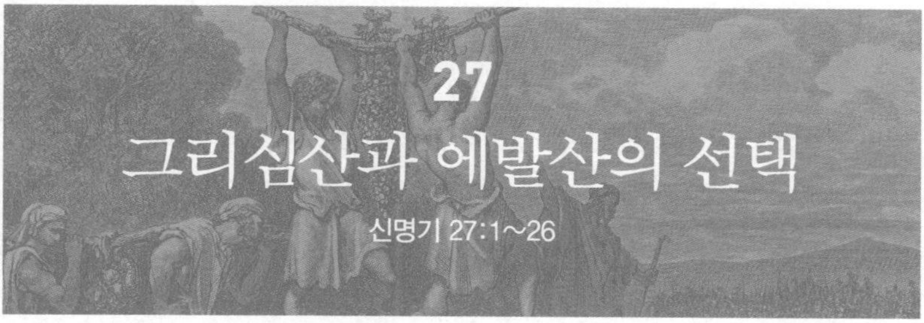

27 그리심산과 에발산의 선택

신명기 27:1~26

본문 개론

이제까지 모세는 율법의 세세한 부분을 정리, 보완하여 백성들에게 지시하였는데, 이제부터 총정리 부분이 마지막 장까지 이어집니다. 이것은 신명기의 결론이자 모세오경 전체의 결론 부분입니다. 가나안에 입성하면 첫째로 율법을 새긴 돌비와 돌단을 에발산에 세우고 제사를 드리고, 둘째로 그리심산과 에발산에서 축복과 저주를 선포하라는 것입니다. 이미 11:29에서 가나안 땅에 들어가면 그리심산에서 축복을 선포하고 에발산에서 저주를 선포하라는 지시를 내렸습니다. 야곱의 본처의 소생들은 그리심산에서 축복을 선포하고 서모와 간음한 르우벤과 레아의 막내아들 스불론, 그리고 후처의 소생들은 에발산에서 저주를 선포하게 합니다. 저주의 내용은 우상숭배의 죄(11), 부모를 경홀히 여긴 자(16), 사회적인 불의(17~19), 성적 타락(20~23), 암살 관련 죄악(24~25)에 대한 것이고, 마지막으로 종합하여 율법을 어긴 자에게 저주를 선포하게 하고 백성들은 아멘으로 화답하도록 합니다.

본문 구성

에발산에 돌비와 돌단을 세우라. (1~10)
축복과 저주를 선포하라. (11~13)
레위인이 저주를 선포하다. (14~26)

본문 적용

하나님은 모든 백성들이 하나님의 율법을 정확하게 기억하고 실행하도록 만드시기 위해 여러 가지 방법을 사용하십니다. 그 중 핵심적인 것은 율법을 반복해서 읽거나 강론함으로써 유대인들의 의식을 바꿀 수 있도록 하시는 것입니다. 그리고 또 시각적으로 볼 수 있도록 해주시는데, 모세에게 직접 새겨주신 십계명 돌판이 그랬고 본장에 나오는 돌비가 그렇습니다. 짐승을 잡아 불에 태워 드리거나 피를 사방에 뿌리는 제사도 눈에 보이는 복음을 직접 백성들이 보게 하신 것인데, 자기들의 죄를 대신하여 짐승이 죽는 것을 봄으로써 그들의 뇌리 속에 율법이 깊이 새겨지기를 원하신 것입니다.

그리고 축복과 저주를 직접 선포하게 하심으로써 청각적으로도 율법을 기억하게 하시고 백성들이 아멘으로 화답하여 평생 동안 율법에 순종하도록 하십니다. 이렇게 하셨음에도 이스라엘은 결국은 율법을 버림으로써 멸망당하고 말았습니다. 그것은 그들이 율법의 겉모습만을 의식 속에 새겼기 때문입니다. 하나님의 마음과 온 세상을 향하신 계획 같은 것은 생각지도 않았기 때문입니다. 우리는 하나님의 말씀이 우리 기억 속에 항상 새겨지도록 성경을 반복적으로 읽고 묵상하고 새겨야 하겠습니다.

❶ 분명하고 정확하게

핵심구절 : "요단을 건넌 후에 이 율법의 모든 말씀을 그 위에 기록하라 그리하면 네 하나님 여호와께서 네게 주시는 땅 곧 젖과 꿀이 흐르는 땅에 네가 들어가기를 네 조상들의 하나님 여호와께서 네게 말씀하신 대로 하리라 … 너는 이 율법의 모든 말씀을 그 돌들 위에 분명하고 정확하게 기록할지니라"(신 27:3, 8)

하나님의 말씀의 가장 핵심은 '분명하고 정확하게'입니다. 물론 오늘날 성경에는 분명하고 정확하게 하나님의 말씀이 기록되어 있습니다. 그렇다면 '분명하고 정확하게'는 다른 의미로 새겨야 할 것입니다. 왜냐하면 많은 그리스도인들이 성경을 불분명하거나 흐릿하게 대하고 있고, 말씀의 원래 의미가 자꾸 훼손되어 다른 말씀으로 받아들여지도록 유혹받고 있기 때문입니다. 하나님은 이스라엘 백성들이 하나님의 말씀을 분명하고 정확하게 기억하여 말씀 그대로 순종하며 실천하기를 원하십니다. 성경이 확실하게 기록되어 있는데도 불구하고 많은 기독교인들이 분명하고 정확하게 하나님의 말씀을 인식하고 있지 못합니다. 그러므로 그리스도인답게 살지 못하게 되는 것입니다. 물론 많은 학자들이 성경말씀의 더 분명한 의미를 찾기 위해서 애를 써왔지만 오히려 더 혼란스러운 학설들만 난무하게 되는 경향이 있습니다. 그리고 신앙생활에 대해서 더 높은 기준을 제시하지 못하고 말씀과 동떨어진 삶을 살게 만드는 것도 오늘날 기독교의 대표적인 현상입니다.

말씀을 분명하게 알기 위해서는 신앙체험이 필수입니다. 체험은 말씀을 더 뚜렷하게 기억하도록 만들고 유사한 상황을 만나면 하나님의 말씀이 우선적으로 기억되게 만들어줌으로써 실천할 수 있도록 이끌어줍니다. 체험은 고난과 역경, 성취와 응답 등을 통하여 뚜렷하게 머리에 새겨줌으로써 참된 삶으로 인도할 수 있습니다. 물론 신앙의 수준에 따라 연단을 나름대로 해석하기 때문에 오히려 실천에 도움이 되지 못할 수도 있지만, 그래도 체험이 없이는 하나님을 뚜렷하게 기억하지 못하기 때문에 체험은 필수적입니다. 한편 말씀을 정확하게 인지하는 것은 더더욱 중요한데, 아무리 열심히 신앙생활을 한다고 해도 바르지 못한 말씀을 붙잡고 있다면 오히려 열심히 할수록 하나님으로부터 더 멀어질 것이기 때문입니다. 모든 것은 다 같고 핵심적인 한두 가지만 진리에서 벗어난 이단들을 따르면 오히려 하나님의 대적이 되는 것과 마찬가지입니다. 정확한 말씀은 그리스도인의 참된 삶에도 크게 영향을 미치는데, 예를 들어 교회에서 하나님 중심으로 사는 것이 말씀의 전부라는 부정확한 생각을 가지게 되면 교회생활에만 100% 전념하게 되는데 이것은 결코 온전한 것이 아닙니다. 문자적인 의미의 분명하고 정확한 말씀도 반드시 필요하지만 내적, 심령적인 분명함과 정확함이 절실하게 필요한 때입니다.

"내가 이 두루마리의 예언의 말씀을 듣는 모든 사람에게 증언하노니 만일 누구든지 이것들 외에 더하면 하나님이 이 두루마리에 기록된 재앙들을 그에게 더하실 것이요 만일 누구든지 이 두루마리의 예언의 말씀에서 제하여 버리면 하나님이 이 두루마리에 기록된 생명나무와 및 거룩한 성에 참여함을 제하여 버리시리라"(계 22:18~19)

적용하기 : 당신은 삶 속에서 얼마나 말씀을 기준으로 결정을 하고 있습니까? 당신이 알고 있는 그 말씀은 얼마나 분명하고 정확합니까?

❷ "아멘!" 할 때

핵심구절 : "장색의 손으로 조각하였거나 부어 만든 우상은 여호와께 가증하니 그것을 만들어 은밀히 세우는 자는 저주를 받을 것이라 할 것이요 모든 백성은 응답하여 말하되 아멘 할지니라 … 이 율법의 말씀을 실행하지 아니하는 자는 저주를 받을 것이라 할 것이요 모든 백성은 아멘 할지니라"(신 27:15 이하, 26)

본문의 말씀은 우리 그리스도인이 "아멘." 하는 것이 얼마나 중대한 것인지를 다시 한 번 알게 해줍니다. 이것은 마치 증인선서와도 같이 자신의 모든 것을 걸어야 하는 결단입니다. 또 다른 의미에서 계약서에 자기 도장을 찍는 것과도 같은 중대한 일입니다. 물론 우리가 설교 시간에 설교자의 말씀에 공감하고 격려하는 의미에서 아멘을 얼마든지 할 수 있습니다. 그럴 때에라도 충분히 공감하고 결단하려는 자세로 아멘 할 필요가 있습니다. 그런데 본문에 보면 결코 축복의 말에 아멘 하는 것이 아니라 저주의 말에 대한 아멘이라는 사실을 알 수 있습니다. 더더욱 신중한 자세로 받아야 한다는 말입니다. 왜냐하면 저주의 말에 아멘 한다는 것은 자신도 율법을 지키지 않으면 저주를 받겠다는 약속이 포함되어 있는 것이기 때문입니다. 섣불리 아멘 할 수 있겠습니까?

하지만 본문에서는 저주에 대한 아멘은 선택이 아니라 아멘 하라고 명하는 것입니다. 하나님의 백성으로서 율법을 지키지 않는 것은 저주를 받을 일이고 그것에 대해 백성들이 아멘 한다는 것은 그 언약 아래 있겠다고 맹세하는 것입니다. 우리 그리스도인들은 자의로 이런 맹세를 한 사람들은 아니지만, 그리스도 예수님을 영접하고 거듭난 백성이라면 이 저주에 대해 아멘 하고 대답한 사람들입니다. 하나님께서 싫어하시고 금하신 행동을 보여준다면 저주

아래 놓이게 될 수도 있습니다. 물론 참 그리스도인이라면 그런 상황에 놓일 일은 없을 것입니다. 저주에 아멘 하라는 말씀을 보면서 우리는 사랑과 은혜와 자비의 하나님의 반대편의 하나님의 성품을 두려워할 줄 알아야 합니다. 너무 축복만 강조하다 보니까 하나님을 두려워할 줄 모르는 시대가 되었습니다.

> "이것들을 증언하신 이가 이르시되 내가 진실로 속히 오리라 하시거늘 아멘 주 예수여 오시옵소서 주 예수의 은혜가 모든 자들에게 있을지어다 아멘"(계 22:20~21)

적용하기 : 하나님은 우리가 평소에 가볍게 한 말도 다 듣고 계십니다. 우리의 언행은 모두 하나님 앞에서 한 것입니다. 당신은 평소에 하나님을 얼마나 의식하고 있습니까?

하나님의 마음 :

저주를 내린다면 누가 내리겠습니까? 사랑의 하나님께서 내리십니다. 놀랍게도 하나님과 반대편에 서있는 그리스도인들이 많습니다. 당신은 어느 편에 서 있는 것 같습니까?

오늘 받은 은혜 :

전체적으로 당신이 받은 은혜와 느낌을 기록해보십시오.

실천을 위한 도전 : (기도하여 성령님의 인도하심을 받으십시오.)

그리스도인은 축복과 저주의 어느 한 지점에 서 있다는 사실을 알아야 합니다. 당신이 저주의 지점에 서 있는 일 하나를 발견하고 버리시기 바랍니다.

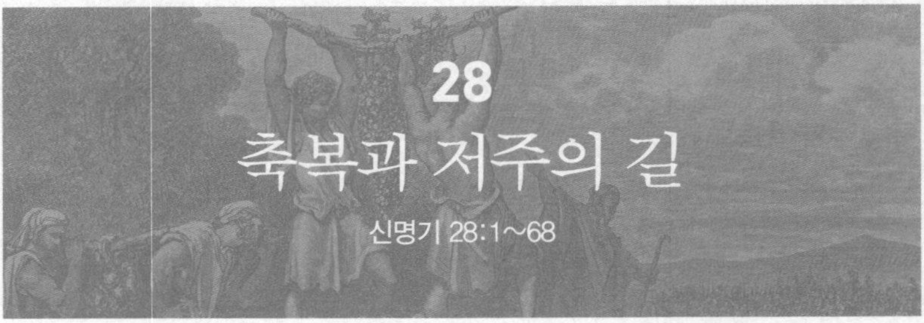

28 축복과 저주의 길

신명기 28:1~68

본문 개론

앞장에서 언급된 축복과 저주에 관해 구체적으로 해설해주는 내용입니다. 그것은 온전히 율법의 순종과 불순종의 여부에 따라 백성들이나 한 나라에 임하게 될 축복과 저주입니다. 먼저는 순종에 따라오는 축복과 불순종에 따라오는 저주가 자세하게 설명되어 있습니다. 이것은 단순히 말씀에 순종해야 복을 받고 불순종하면 화를 당한다는 의미를 넘어서, 언약백성은 율법에 순종할 의무가 있다는 점을 강조함으로써 하나님과의 관계를 중심으로 설명한 것입니다. 하나님의 말씀에 불순종하는 사람은 그 저주가 자기 생업뿐만 아니라 자손에게도 미친다고 합니다. 이런 말씀들은 하나님과의 관계를 아름답게 하시려는 하나님의 배려이며 결코 형벌이 목적은 아닙니다. 그 다음에 상당히 긴 부분을 할애하여 개인의 불순종들로 말미암아 이스라엘 민족 전체에 미치게 될 저주에 대한 상세한 설명이 나옵니다. 그것은 질병과 가뭄과 패전과 포로로 잡혀가는 것(20~37), 생산물의 핍절과 국가의 쇠퇴(38~46), 빈곤과 적의 침입(47~57), 각종 재앙과 민족의 흩어짐과 국가의 멸망(58~68) 등입니다. 가나안에 들어가는 축복을 허락하시기 전에 엄중한 경고를 통하여 그 축복을 누리도록 하시는 것입니다.

본문 구성

삶의 현장에 대한 축복	(1~4)
만민 중에 뛰어나게 되는 축복	(5~14)
삶의 현장에 대한 저주	(15~19)
각종 질병의 저주	(20~24)
전쟁과 수탈의 저주	(25~37)
만민 중에 낮아지게 되는 저주	(38~46)
기근과 나라의 궁핍에 대한 저주	(47~57)
민족의 흩어짐과 패망의 저주	(58~68)

본문 적용

본장에서 제시한 저주들 중에는 훗날에 이스라엘의 역사에서 실제로 이루어진 내용들이 많이 있습니다. 하나님은 이스라엘 민족을 사랑하시지만, 사랑하시기 때문에 그들의 불순종에 대해서 마땅한 보응을 하지 않으실 수가 없었습니다. 그냥 내버려 두신다면 이스라엘은 하나님의 백성이 아닌 것입니다. 그래서 먼 훗날에 진짜로 예루살렘이 멸망당함으로써 이스라엘은 역사의 현장에서 사라져버렸던 것입니다. 이렇게 더 큰 징벌을 받은 것은 그만큼 하나님의 사랑을 독차지한 민족이었기 때문입니다. 그리고 결국 그들을 통하여 구원자가 오심으로써 다른 민족에게도 구원의 복을 확대하셨던 것입니다. 오늘날 우리 그리스도인들은 남들보다 엄청나게 큰 복을 받은 사람들입니다. 인간으로서는 결코 받을 수 없는 구원의 복이니까요. 그렇게 큰 사랑을 받았다면 우리는 하나님의 말씀에 목숨을 걸어야 합니다. 하지만 복잡한 세상에서 하나님의 말씀을 무시하는 행위가 자신도 모르는 사이에 저질러지고 있습니다. 그들은 하나님을 입으로는 시인하면서 행동으로는 하나님을 무시하거나 부인하는 자들입니다. 이 모든 행위들은 하나님을 욕되게 하는 것이므로 저주와 화를 당하게 될 것입니다. 형식적인 신앙이나 헌신도 주님 보시기에 가증한 것일 수 있습니다. 모든 초점을 하나님의 말씀에 두고 살아야 하는 이유입니다.

❶ 여호와의 이름이 너를 위하여 불리는 것

핵심구절 : "여호와께서 명령하사 네 창고와 네 손으로 하는 모든 일에 복을 내리시고 네 하나님 여호와께서 네게 주시는 땅에서 네게 복을 주실 것이며 여호와께서 네게 맹세하신 대로 너를 세워 자기의 성민이 되게 하시리니 이는 네가 네 하나님 여호와의 명령을 지켜 그 길로 행할 것임이니라 땅의 모든 백성이 여호와의 이름이 너를 위하여 불리는 것을 보고 너를 두려워하리라" (신 28:8~10)

순종하면 모든 것이 쉽습니다. 순리대로 흘러가며 걸릴 것이 별로 없습니다. 혹시 대적하는 자들이 있어도 하나님께서 다 물리쳐 주십니다. 문제가 있어도 쉽게 넘어가게 하시며 앞으로 만날 난관도 어렵지 않게 헤쳐 나가게 됩니다. 마음으로도 큰 실망이나 낙심이 일어나지 않습니다. 순종하면 모든 것이 형통하게 됩니다. 문제는 누구나 만나지만 그 문제가 오히려 더 큰 축복을 가져다줍니다. 말씀에 순종하려고만 하면 이 모든 일이 우리 앞에 펼쳐집니다. 그렇다고 해서 엄청나게 큰 기적을 일으켜 주시거나 일확천금을 당장 허락하시는 것은 아닙니다. 그럴 수도 있지만 순종하는 사람은 그런 것은 기대하지 않습니다. 순종한다는 것은 우리가 살아갈 때에 우리를 위하여 여호와의 이름이 자주 불리어진다는 뜻입니다. 곧 하나님께서 우리 편이라는 증거가 자꾸 늘어난다는 것입니다.

그러나 불순종하면 모든 것이 어려워집니다. 처음에는 잘 되는 것처럼 느껴질 수도 있습니다. 자유로움을 맛보기도 할 것입니다. 그러나 그 길은 아무리 넓고 좋은 길처럼 보이더라도 결국에는 다 막혀있는 길일 것입니다. 다들 어떻게 하면 변명을 할 수 있을까를 생각합니다. 다들 조금이라도 피해 가고 싶어 합니다. 이유를 자꾸 대려고 합니다. 안 되면 안 될수록 자기 합리화를 시도합니다. 이것은 그리스도인을 대상으로 하는 말입니다. 세상 사람은 잘 되든 못 되는 하나님의 관심 밖입니다. 우리의 관심에서도 멀어져야 합니다. 순종하면 그런 것에는 별 관심이 없어집니다. 어차피 다 썩어져갈 것들이기 때문입니다. 부러워할 수도 있습니다. 그러나 순종하면 하나님의 이름의 의미를 알게 됩니다. 정말 가치 있는 것이 무엇인지 생각이 바뀌게 됩니다. 순종하면 가치관이 바뀌지만 불순종하면 가치관이 바뀔 수가 없습니다. 순종하면 하나님께서 우리와 함께하신다는 것을 사람들이 알게 됩니다. 마치 애굽의 총리가 되기 전의 요셉의 모습과 같아집니다.

"여호와께서 요셉과 함께 하시므로 그가 형통한 자가 되어 그의 주인 애굽 사람의 집에 있으니 그의 주인이 여호와께서 그와 함께 하심을 보며 또 여호와께서 그의 범사에 형통하게 하심을 보았더라"(창 39:2~3)

적용하기 : 순종한다는 것은 자기 생각과 경험을 내려놓는다는 뜻입니다. 당신은 말씀에 얼마나 순종하고 있다고 생각합니까?

❷ 모든 것이 풍족하여도

핵심구절 : "네가 모든 것이 풍족하여도 기쁨과 즐거운 마음으로 네 하나님 여호와를 섬기지 아니함으로 말미암아 네가 주리고 목마르고 헐벗고 모든 것이 부족한 중에서 여호와께서 보내사 너를 치게 하실 적군을 섬기게 될 것이니 그가 철 멍에를 네 목에 메워 마침내 너를 멸할 것이라"(신 28:47~48)

축복은 당연하게 생각하고 저주는 엄청나게 크게 생각합니다. 축복은 자기가 잘 해서 받았다고 생각하고 저주는 자신은 그만한 죄를 짓지 않았는데 하나님께서 내리신 것이라고 생각합니다. 그러나 성공과 번영은 저주와 재앙과 종이 한 장의 차이입니다. 물론 번영과 재앙은 너무나도 큰 격차가 있습니다. 현상 자체도 그렇고 그것을 느끼는 사람들이 마음의 차이도 엄청납니다. 다만 첫 출발점은 종이 한 장 차이라는 것입니다. 무심코 또는 우연히 무엇을 선택하는 것이 아니라 자기 내면의 표출이 우리의 선택이고 결정인 것입니다. 물론 단 한 번의 선택으로 그렇게 되지는 않습니다. 처음에는 느낄 수 없지만 그와 유사한 결정들이 반복되면서 점차 나락으로 떨어져서 마침내 걷잡을 수 없는 허무로 변하게 되는 것입니다. 그렇기 때문에 지금 누리고 있는 풍족함은 단지 거품에 지나지 않는다는 사실을 알아야 합니다. 그러므로 성공과 번영, 권력과 명예를 좇아가는 것은 하나님과는 정 반대 방향으로 줄기차게 도망치는 것입니다. 아니면 자신은 전혀 그렇지 않다고 생각하겠지만 결국 하나님을 조롱하고 비난하는 것입니다.

그리스도인이라도 얼마든지 부자가 될 수도 있고 성공가도를 달리 수도 있습니다. 다만 그것이 목적이 되거나 목표가 되어서는 안 된다는 것입니다. 어떤 일의 결과로서 하나님께서 허락하실 수는 있지만 그것은 하나님의 목적이어야지 사람의 목적일 수는 없습니다. 하나님의 목표에 따라 주실 수도 있고 안 주실 수도 있지만 거기에 얽매여서 즐거워하고 기뻐한다면 그 안에 하나님께서 계실 자리는 없습니다. 그리스도인의 기쁨은 번영과 풍족에서 비롯되는 것이어서는 안 됩니다. 물론 그럴 때 기분 나빠해야 한다는 말이 아닙니다. 더 기뻐해야 할 근원적이고 핵심적인 것이 하나님의 말씀이라는 것입니다. 그리스도인에게는 그것이 생명입니다. 번영과 축복은 좋은 것이지만 그것이 곧 생명은 아닙니다. 기쁨과 즐거움이 사라졌다면 그 원인을 발견하고 회복해야 합니다.

"나로 말미암아 너희를 욕하고 박해하고 거짓으로 너희를 거슬러 모든 악한 말을 할 때에는 너희에게 복이 있나니 기뻐하고 즐거워하라 하늘에서 너희의 상이 큼이라 너희 전에 있던 선지자들도 이같이 박해하였느니라" (마 5:11~12)

적용하기 : 여간해서는 역경에서 기뻐하고 즐거워하기 어렵습니다. 육체의 기쁨이 아니라 영의 기쁨을 느껴야 합니다. 당신은 주로 어디에서 기쁨과 즐거움을 느낍니까?

❸ 멸하기를 기뻐하시는 하나님?

핵심구절 : "여호와께서 너희에게 선을 행하시고 너희를 번성하게 하시기를 기뻐하시던 것 같이 이제는 여호와께서 너희를 망하게 하시며 멸하시기를 기뻐

하시리니 너희가 들어가 차지할 땅에서 뽑힐 것이요 여호와께서 너를 땅 이 끝에서 저 끝까지 만민 중에 흩으시리니 네가 그 곳에서 너와 네 조상들이 알지 못하던 목석 우상을 섬길 것이라"(신 28:63~64)

하나님의 명령을 얼마나 어기고 저항하고 도망가고 거부하고 무관심하고 무시했으면 하나님께서 이스라엘을 멸하기를 기뻐하실 정도가 되겠습니까? 이런 결과가 온 것은 무엇 때문이겠습니까? 하나님과 함께하지 않았기 때문입니다. 그런데 그런 불순종을 누가 행했습니까? 이스라엘 사람들이 행했습니다. 결코 나라나 국가가 불순종한 것이 아닙니다. 사람이 불순종한 것입니다. 오늘날 우리의 교회가 왜 이렇게 무시당하고 비난받게 되었습니까? 우리 그리스도인 한 사람 한 사람이 하나님의 말씀을 제대로 받아들이지 않았기 때문입니다. 이스라엘이 망한 것은 누구 때문입니까? 백성들 한 사람 한 사람 때문입니다. 제사장이 잘못해서, 레위인이 잘못해서, 바리새인이 잘못해서, 왕이 잘못해서가 아닙니다. 내가 잘못해서입니다. 우리 그리스도인들은 특별한 사람들입니다. 세상의 아픔에 대해서 책임감을 느껴야 합니다.

많은 사람들이 개혁과 변화를 이야기합니다. 그리고 세상을 바꾸려고 하고 사람을 바꾸려고 하고 교회를 바꾸려고 합니다. 그러나 내가 먼저 바뀌지 않으면 결코 다른 사람을 바꿀 수 없습니다. 내가 변화된 것을 보여주어야 다른 사람들도 변화의 길로 이끌 수 있습니다. 단순히 시각의 변화를 말하는 것이 아닙니다. 내가 변하니까 세상이 다르게 보인다는 말이 아닙니다. 물론 그것은 출발점을 이야기하는 것입니다. 변화는 거기에서부터 시작되어야 합니다. 단지 그것은 시작일 뿐입니다. 세상이 변화되지 않는 것은 내가 변화되지 않았기 때문입니다. 교회가 변화되고 개혁되지 못하는 것은 내가 변하지 않기 때문입니다. 내 책임입니다. 기독교는 변화의 종교입니다. 내가 변화되고 성장하지 못한다면 살아있는 그리스도인이 아닙니다. 단지 종교인이요 율법주의자일 뿐입니다. 그런 사람은 다른 종교에도 많이 있습니다. 나에게는 이 세상의 부정과 부패의 책임이 있습니다. 사람들의 인성과 성품이 날로 난폭해지고 있는 것도 나의 책임입니다. 무엇을 뚜렷하게 하지 못하더라도 책임감을 느끼고 책임 있게 살아야 합니다.

"율법을 자랑하는 네가 율법을 범함으로 하나님을 욕되게 하느냐 기록된 바와 같이 하나님의 이름이 너희 때문에 이방인 중에서 모독을 받는도다" (롬 2:23~24)

적용하기 : 주변 세상의 어지러움에 대해 통탄한 적이 없습니까? 당신이 그 세상 속에서 할 수 있는 일을 찾고 있습니까?

하나님의 마음 :

하나님의 마음은 신뢰와 사랑입니다. 내가 신뢰하는 만큼 하나님도 나를 신뢰하십니다. 당신은 하나님을 얼마나 신뢰하면서 살고 있습니까?

오늘 받은 은혜 :

전체적으로 당신이 받은 은혜와 느낌을 기록해보십시오.

실천을 위한 도전 : (기도하여 성령님의 인도하심을 받으십시오.)

당신은 순종과 불순종 사이에서 무엇을 선택합니까? 불순종 쪽에 더 가깝다면 그 이유 한 가지를 택하여 버리기로 결단하기 바랍니다. 자신도 모르는 사이에 불순종하는 예가 훨씬 많습니다.

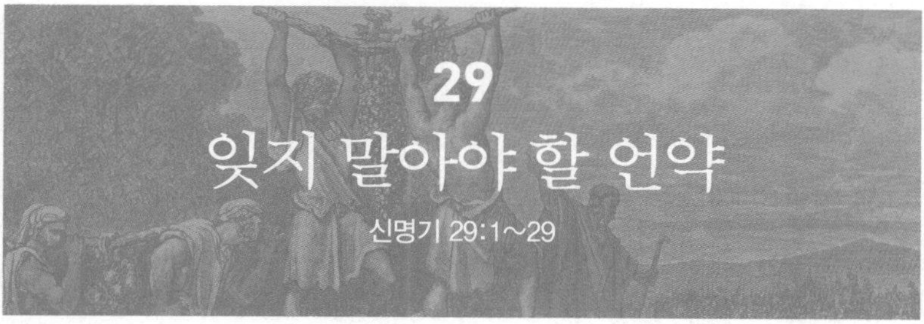

29
잊지 말아야 할 언약

신명기 29:1~29

본문 개론

호렙산의 언약은 백성들의 원망과 불순종과 반역으로 말미암아 실패로 돌아가고 말았습니다. 그러나 다음 세대에 대한 희망을 남겨놓고 있습니다. 이제 이들이 가나안 땅을 정복해야 합니다. 아무리 가나안의 죄악에 대한 심판이지만 백성들이 순종하지 않으면 이루어질 수 없는 축복입니다. 그러므로 모세는 새로운 세대들에게 호렙산 언약을 상기시켜 주고 있습니다. 본장을 모압 평지언약이라고도 부르는데, 호렙산 언약의 대상자들이 새 세대로 바뀐 것입니다. 짧은 이 본문이 신명기의 축소판입니다. 먼저 출애굽의 구속사건과 광야 인도의 과정, 그리고 후기의 아모리 정복사건을 상기시켜주고 여호와의 명령을 지킬 것을 촉구합니다. 그리고 모압 평지언약의 대상자들을 구체적으로 이스라엘 백성들과 그 안에 살고 있는 이방인들과 앞으로 다가올 미래의 후손들까지로 명확하게 제시합니다. 끝으로 불순종에 대한 경고와 저주를 말하는데, 특히 모든 죄의 근원인 다른 신을 따라가 섬기는 자들로 총괄함으로써 보다 분명하게 율법에 순종할 것을 명하고 있습니다.

본문 구성

출애굽의 역사를 회고하다.	(1~9)
새 언약의 대상을 말하다.	(10~15)
다른 신을 섬긴 자에 대한 경고	(16~21)
우상 숭배자에 대한 저주	(22~29)

본문 적용

남의 떡이 커 보인다는 말이 있습니다. 여호와 하나님 이외의 다른 신들이 내세우는 것은 세상에서의 달콤함과 육체적인 즐거움입니다. 육안으로는 마귀가 제시하는 세상에의 유혹이 훨씬 구체적이고 실체적이며 즉각적이고 밝은 미래를 주는 것처럼 느껴집니다. 진리는 희생과 인내와 연단과 고통을 동반할 수 있습니다. 육안으로 보면 그럴 필요까지는 없어 보입니다. 진리를 옆으로 밀어 놓고 당장의 기쁨을 선택하게 되어 있습니다. 예수님을 시험하는 마귀가 바로 그것을 주겠다고 했습니다. 물질과 명예와 권력을 동시에 준다고 했습니다. 단지 마귀에게 딱 한 번만 절하면 모든 것을 줍니다. 그러나 그것은 진리가 아닙니다. 아무리 큰 축복을 마음껏 준다고 해도 그것은 잔뜩 바람 든 풍선 밖에는 되지 않습니다. 알면서도 본능처럼 죄악으로 끌려들어가는 것이 사람이지만, 하나님의 사람은 결코 그럴 수 없습니다. 이스라엘 백성들도 그런 유혹 때문에 늘 원망하고 불평하고 우상숭배 했던 것입니다. 이것을 수천 년 전 이스라엘 사람들의 이야기로만 읽어서는 안 됩니다. 이것은 반역한 이스라엘 백성들의 이야기가 아니라 바로 우리의 이야기입니다. 바로 나의 이야기입니다. 내가 그랬습니다. 지금 그렇지 않다면 앞으로도 다시 그렇게 하지 않도록 해야 합니다. 이제는 더 깊이 있게 분별하고 더 뜨겁게 순종해야 합니다.

❶ 깨닫는 마음과 보는 눈과 듣는 귀

핵심구절 : "모세가 온 이스라엘을 소집하고 그들에게 이르되 여호와께서 애굽 땅에서 너희의 목전에 바로와 그의 모든 신하와 그의 온 땅에 행하신 모든 일을 너희가 보았나니 곧 그 큰 시험과 이적과 큰 기사를 네 눈으로 보았느니라 그러나 깨닫는 마음과 보는 눈과 듣는 귀는 오늘까지 여호와께서 너희에게 주지 아니하셨느니라"(신 29:2~4)

신앙이 계속 성장해야 하는 이유는 무엇이겠습니까? 깨닫는 마음과 보는 눈과 듣는 귀를 얻기 위해서입니다. 신앙이 자라간다는 것은 점점 더 깨닫는 마음이 깊어지고 보는 눈이 넓어지며 듣는 귀가 더 크게 열린다는 뜻입니다. 마치 어린아이에서 소년으로, 소년에서 청소년으로, 그리고 청년과 성인으로 자라면서 사람과 사회에 대해 더 많이 깨닫게 되고 다른 사람의 마음이나 사정이 더 많이 보이고 더 많이 들리게 되는 것과 마찬가지입니다. 알지 못하던 새로운 것이 깨달아지고 보이지 않던 것이 보이고 들리지 않던 것에 더 귀를 기울이게 되는 것입니다. 이스라엘 백성들이 숱한 기적과 놀라운 신비와 날마다 쏟아지는 만나와 메추라기를 순간순간 경험하면서도 하나님의 그 놀라운 사랑과 은혜를 망각하는 것은 바로 깨닫는 마음과 보는 눈과 듣는 귀가 없었기 때문입니다. 모세는 그것을 하나님께서 주지 않으셨다고 표현했습니다. 그렇습니다. 그것은 백성들이 얻어야 하는 것이었습니다.

깨닫는 마음과 보는 눈과 듣는 귀를 얻지 못하는 가장 큰 이유는 자기중심적인 신앙 때문입니다. 짙은 색안경을 끼면 온 세상이 어두워 보이는 것과 마찬가지로 자기중심적인 안경을 끼면 오로지 자기에게 어떤 유익이 되는가에만 집중하게 됩니다. 어려운 이웃의 형편이나 하나님 아버지의 마음 같은 것은 생각하지도 않습니다. 이스라엘 백성들이 그랬습니다. 아무리 놀라운 기적을 베풀어 주셔도 감사할 줄 모르는 것은 조금만 어려운 일을 만나면 번개같이 원망이 튀어나오는 데에서 입증이 됩니다. 자기중심성을 벗어나야 신앙이 성장하고 하나님의 전체 사역을 이해하게 되어 좀 더 어른스럽게 신앙생활을 할 수 있습니다. 그렇게 되려면 의식이 변화되어야 합니다. 생각의 변화만으로는 성장할 수 없습니다. 의식이 변화되어야 생각이 변화되고 언어와 행동과 삶이 변화됩니다. 하나님의 말씀으로 마음과 생각을 가득 채워야 변화되기 시작합니다. 말씀을 반복하여 의식 속에 채워야 합니다. 그럴 때 깨닫는 마음과 보는 눈과 듣는 귀를 얻을 수 있습니다.

"오늘 내가 네게 명하는 이 말씀을 너는 마음에 새기고 네 자녀에게 부지런히 가르치며 집에 앉았을 때에든지 길을 갈 때에든지 누워 있을 때에든지 일어날 때에든지 이 말씀을 강론할 것이며"(신 6:6~7)

적용하기 : 지금 보고 있는 것에 만족하면 안 됩니다. 우리는 그리스도의 장성한 분량에까지 자라야 합니다. 당신은 현재 꾸준히 신앙이 자라고 있다고 생각합니까? 그것이 중요합니다.

❷ 사람들의 눈은 정확하다.

핵심구절 : "그 때에 사람들이 대답하기를 그 무리가 자기 조상의 하나님 여호와께서 그들의 조상을 애굽에서 인도하여 내실 때에 더불어 세우신 언약을 버리고 가서 자기들이 알지도 못하고 여호와께서 그들에게 주시지도 아니한 다른 신들을 따라가서 그들을 섬기고 절한 까닭이라"(신 29:25~26)

사람들이 피상적으로 우리를 보고 느끼는 것이 우리의 신앙의 현주소입니다. 내가 잘 믿고 있고 내가 잘 하고 있다고 해서 잘 믿고 잘 하는 것이 아닙니다. 물론 그럴 수도 있지만 착각 속에 빠져 있는 경우도 많습니다. 자기 자신의 모습을 정확하게 알려면 이처럼 다른 사람들, 특히 믿지 않는 사람들의 말을 들어보면 매우 정확하게 알 수 있을 것입니다. 그리스도인은 사람들에게 어떻게 비칠까를 생각해야 합니다. 바리새인들처럼 사람들에게 보이려고 온갖 종교적 위선을 떨라는 말이 아닙니다. 우리의 삶의 모습 자체를 어떻게 평가하는가를 보라는 말입니다. 그리고 하나님의 눈에는 어떤 모습일까를 늘 생각해야 합니다. 물론 우리가 그것을 정확하게 알 수는 없지만 적어도 자기 자신의 시각으로 자기를 바라보아서는 안 된다는 말입니다. 대부분 자기합리화나 스스로의 명분 안에 갇혀있기 때문입니다.

우리가 이웃들에게 어떻게 하는가에 따라서 그 이웃이 우리를 축복하기도 하고 원망하기도 하는데 그것을 하나님께서 다 들으신다고 했습니다. 우리가 율법이나 말씀을 잘 지킨다고 하면 하나님의 판단뿐만 아니라 하나님을 모르는 이웃들의 판단에서도 그대로 드러나야 합니다. 물론 이것을 의식하고 의도적으로 그렇게 행동해서는 안 됩니다. 그것은 오래 가지 못합니다. 우리가 어떻게 사는가에 따라서 하나님의 영광을 드러내기도 하고 가려버리기도 합니다. 그것은 우리 자신만의 문제가 아니라 곧 하나님의 문제라는 것을 알아야 합니다. 어린 자녀의 허물은 곧 부모의 허물입니다. 얄팍한 마음으로 사람들이 볼 때만 그런 척하면 하나님은 더 싫어하십니다. 늘 하나님을 의식하면서 살다가 보면 신앙이 자라나고 이웃을 의식하면서 살아가는 그리스도인이 될 것입니다.

"그들이 기다리는 바 하나님께 향한 소망을 나도 가졌으니 곧 의인과 악인의 부활이 있으리라 함이니이다 이것으로 말미암아 나도 하나님과 사람에 대하여 항상 양심에 거리낌이 없기를 힘쓰나이다"(행 24:15~16)

적용하기 : 그리스도인으로서의 당신의 모습은 동료나 이웃 사람들에게 어떻게 비치겠습니까? 그들이 당신을 그리스도인이라고 생각하게 하려면 어떻게 해야 하겠습니까?

하나님의 마음 :

하나님의 언약은 순종하면 복을 주시는 것입니다. 그것은 신뢰관계를 유지하기 위한 것입니다. 현재 당신은 하나님과 어떤 상태에 있습니까?

오늘 받은 은혜 :

전체적으로 당신이 받은 은혜와 느낌을 기록해보십시오.

실천을 위한 도전 : (기도하여 성령님의 인도하심을 받으십시오.)

당신은 하나님의 말씀에 얼마나 순종하고 있습니까? 불순종하고 있다고 여겨지는 부분을 발견하여 순종으로 바꾸기 바랍니다.

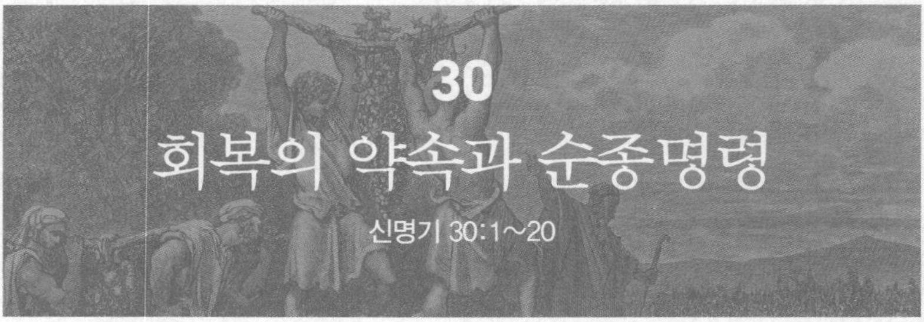

30
회복의 약속과 순종명령

신명기 30:1~20

본문 개론

본서 전체를 마무리하면서 백성들의 미래를 이야기합니다. 몇 장에 걸쳐서 하나님의 말씀을 지키지 않았을 때의 저주를 경고하고 나서 본장에서는 그럼에도 불구하고 회개하면 회복해주신다는 말씀으로 바뀝니다. 그것은 백성들을 위한 위로의 말씀입니다. 그들의 불순종으로 말미암아 온 세상에 흩어졌더라도 회개하기만 하면 다시 돌아오게 하시고 약속하셨던 복을 주신다는 것입니다. 그리고 그렇게 돌아오면 겉모습만의 율법 준수가 아니라 진정으로 행할 수 있도록 마음에 할례를 베풀어주신다는 말씀입니다. 그것은 백성들에게 새 마음을 주신다는 뜻입니다. 그렇게 되면 마음을 다하고 뜻을 다하고 힘을 다하여 하나님을 섬기는 일은 더 이상 어렵지 않게 될 것입니다. 문제는 동일하지만 그 문제를 풀어가는 마음과 방식이 달라지는 것입니다. 이런 전제 위에 모세는 다시 한 번 순종에 따르는 축복과 불순종에 따르는 저주를 일깨워주면서 생명과 사망 둘 중의 하나를 선택하라고 강하게 말합니다.

본문 구성

회개하면 모든 것을 회복하리라. (1~5)
회개하면 반드시 축복하신다. (6~10)
결단하면 순종할 수 있다. (11~14)
생명의 길과 사망의 길이 있다. (15~20)

본문 적용

그리스도인들은 하나님으로부터 새 마음을 받아 가진 사람들입니다. 깨닫는 마음과 보는 눈과 듣는 귀를 가지려면 마음이 바뀌어야 하는데 그것은 마음에 할례를 베푸시는 길밖에는 없습니다. 그래서 모세는 하나님께서 네 마음과 네 자손의 마음에 할례를 베푸신다고 말하는 것입니다. 이렇게 모세가 백성들에 소망을 주면서 새 마음으로 마음과 뜻과 힘을 다하여 하나님께 순종함으로써 회복의 소망과 미래를 얻을 것을 이야기했지만, 사실 이스라엘 역사를 보면 바벨론 포로기를 거쳐 돌아온 백성들에게서도 이것은 사실상 온전하게 이루어지지 않았습니다. 그들은 이 신명기 30장의 회복의 약속에 대해서 많은 기대를 하였습니다. 느헤미야의 기도(느 9장)는 그의 시대에 성취될 것이라는 소망을 가졌지만 소망이 실현된 것은 아니었습니다. 그래서 본장은 오히려 그 이후의 그리스도의 시대를 예언하는 것처럼 보입니다.

예수님께서 오셨을 때 경건한 백성들은 여전히 메시아의 성취를 기다리고 있었습니다. 우리는 그 메시아의 성취 시대를 살고 있습니다. 우리에게는 새 마음이 주어졌습니다. 예수님도 모세의 약속이 이루어진 것을 선포하셨습니다(눅 24:25~27). 우리는 그 말씀을 지킬 수 있습니다. 성경말씀을 너무 이상적이라고 생각하거나 비현실적이라고 생각하지 말아야 합니다. 성경은 비현실처럼 보이지만 현실 속에서 이루어질 말씀입니다. 성경은 현실입니다.

❶ 이를 행할 수 있느니라.

핵심구절 : "내가 오늘 네게 명령한 이 명령은 네게 어려운 것도 아니요 먼 것도 아니라 하늘에 있는 것이 아니니 네가 이르기를 누가 우리를 위하여 하늘에 올라가 그의 명령을 우리에게로 가지고 와서 우리에게 들려 행하게 하랴 할 것이 아니요 이것이 바다 밖에 있는 것이 아니니 네가 이르기를 누가 우리를 위하여 바다를 건너가서 그의 명령을 우리에게로 가지고 와서 우리에게 들려 행하게 하랴 할 것도 아니라 오직 그 말씀이 네게 매우 가까워서 네 입에 있으며 네 마음에 있은즉 네가 이를 행할 수 있느니라"(신 30:11~14)

우리 그리스도인들에게 크게 부족한 것 중 하나는 모든 것을 자기 힘으로 이루려고 한다는 것입니다. 그것은 하나님 없이 스스로 하려는 욕심에 기인한 것이 아닌가 합니다. 그것은 자기 이름을 세상에 알리고 하나가 되어 신의 경지에 도전하려는 바벨탑 사건에서 고스란히 드러난 바가 있습니다. 곧 인간에게는 하나님의 간섭을 받지 않으려는 본능이 숨어 있는 것입니다. 이 같은 성질은 그리스도의 보혈로 거듭난 백성들에게도 여전히 남아 있습니다. 그래서 신앙이 충분히 성숙하지 못한 상태에서는 모든 것을 자기 스스로 하려는 모습을 보이게 되는 것입니다. 그러나 알다시피 인간의 힘으로는 많이 성취할수록 하나님으로부터 멀어지게 되어 있습니다. 그러므로 그리스도인은 하나님의 일을 감당할 때에 자기 힘을 빼는 것이 가장 효율적이 되는 것입니다.

우리는 모든 것을 비우고 버리고 자기를 죽이는 것만이 하나님의 도우심을 이끌어낼 수 있다는 것을 알고 있습니다. 본문에 백성들이 여호와의 율법을 충분히 지킬 수 있다고 하는데, 그것은 말씀이 마음에 매우 가까이 있기 때문에 가능하다고 말합니다. 이것은 새 마음을 주셨기 때문에 가능하다는 의미인데 그것을 신약에서는 우리 속에 성령님이 계시기 때문이라고 합니다. 성령님이 속에 계시고 성령님께 모든 것을 맡긴다면 모든 말씀을 지킬 수 있습니다. 다만 성령님께서 우리를 지배하시도록 해야 합니다. 그러려면 모든 것을 비우고 버리고 자아를 죽여야 합니다. 내가 고스란히 살아 있고서는 하나님의 말씀을 지킬 수 없습니다. 성경말씀을 따라갈 수 없는 높은 위치에 올려놓고 그 아래에서 쳐다만 보고 있다면 결코 온전하게 순종할 수 없습니다. 온전히 성령님께 맡길 때 우리도 말씀대로 살 수 있게 되는 것입니다.

"하나님이 능히 모든 은혜를 너희에게 넘치게 하시나니 이는 너희로 모든 일에 항상 모든 것이 넉넉하여 모든 착한 일을 넘치게 하게 하려 하심이라"(고후 9:8)

적용하기 : 성경 말씀 중에서 당신이 실제로 행할 수 없다고 여겨지는 것이 있습니까? 그 말씀을 실천할 수 있도록 하나님께 간구하고 실행해 보시기 바랍니다.

❷ 살기 위하여 생명을 택하라.

핵심구절 : “내가 오늘 하늘과 땅을 불러 너희에게 증거를 삼노라 내가 생명과 사망과 복과 저주를 네 앞에 두었은즉 너와 네 자손이 살기 위하여 생명을 택하고 네 하나님 여호와를 사랑하고 그의 말씀을 청종하며 또 그를 의지하라 그는 네 생명이시요 네 장수이시니 여호와께서 네 조상 아브라함과 이삭과 야곱에게 주리라고 맹세하신 땅에 네가 거주하리라”(신 30:19~20)

목숨이 왔다 갔다 하는 긴박하고 아주 위험한 상황에서 살 수 있는 방법이 딱 하나가 있다면 우리는 어떻게 하겠습니까? 당연히 오직 그것만을 생명으로 알고 죽자 살자 붙잡을 것입니다. 기독교 신앙은 바로 여기에 힘이 있습니다. 예수님을 믿는다고 할 때 예수님께 자기 생명을 거는 것이 참된 신앙입니다. 예수님 아니면 죽겠다는 신앙이고 예수님을 떠나서는 죽을 것 같은 신앙입니다. 그 신앙이 구체적으로 어떻게 표출되겠습니까? 말씀을 생명으로 여기는 것으로 결정됩니다. 오직 말씀을 기준으로 삼고 말씀만이 가장 가치 있는 진리이고 말씀이 말씀하면 가고 말씀하지 않으면 죽어도 가지 않는 것입니다. 왜 그렇게 합니까? 살기 위해서입니다. 단어가 겹치는 것 같지만 살기 위해서 생명을 택해야 합니다. 이렇게 할 수 있는 사람은 큰 믿음의 소유자이고 하나님께서 귀중하게 사용하실 것이며 큰일을 성취해주실 것이고 영광을 받으시며 많은 사람들에게 복음이 전파되는 통로가 될 것입니다.

우리는 살아야 합니다. 그리스도인으로서 마귀가 지배하는 이 세상에서 살아야 합니다. 산다는 것은 승리한다는 말입니다. 마귀의 길을 따라가지 않고 오직 살아계신 여호와 하나님께서 명하신 그 길을 갈 수 있는 것입니다. 이렇게 살아도 저렇게 살아도 한세상이라면 우리가 무엇 때문에 예수님을 생명으로 알아야 하겠습니까? 다른 사람들은 자기 마음대로 살아도 다 괜찮던데요? 아니 오히려 우리보다 더 잘 살던데요? 이런 말이 나온다면 아직 예수님께 생명을 거는 것이 아닙니다. 우리는 세상 속에서 그리스도인으로서 잘 살아야 합니다. 부자가 되라는 말이 아니라 늘 세상에 승리하면서 살아야 한다는 말입니다. 그렇게 살려면 예수님을 생명으로 붙잡아야 합니다. 하나님의 말씀에 모든 인생을 다 걸어야 합니다. 그것만이 살 길입니다.

"또 우리 형제들이 어린 양의 피와 자기들이 증언하는 말씀으로써 그를 이겼으니 그들은 죽기까지 자기들의 생명을 아끼지 아니하였도다"(계 12:11)

적용하기 : 너무 과격한 말이 아닙니다. 예수님도 우리를 위해 생명을 버리셨습니다. 당신은 예수님을 위해 목숨까지라도 내놓을 수 있습니까?

하나님의 마음 :

하나님은 심지어 죽을죄를 지은 사람들도 회개하고 돌이키기를 원하십니다. 당신에게 아직 돌이키지 못한 것이 있는지 솔직하고 깊게 살펴보시기 바랍니다.

오늘 받은 은혜 :

전체적으로 당신이 받은 은혜와 느낌을 기록해보십시오.

실천을 위한 도전 : (기도하여 성령님의 인도하심을 받으십시오.)

당신이 하나님의 약속을 받아들이지 못하고 있는 것은 무엇입니까? 성경 말씀 중에서 진지하게 찾아보고 한 가지만 택하여 믿음을 달라고 간구하시기 바랍니다.

31
하나님의 마지막 지시

신명기 31:1~30

본문 개론

모세는 세상을 떠날 날을 앞에 두고 있었습니다. 이제 모세가 마지막 노래를 부르고(32장) 백성들을 축복하고(33장) 모세가 죽어 장사되는(34장) 것으로 신명기를 마무리하게 됩니다. 그 전에 하나님은 여호수아를 모세의 후계자로 계승시키십니다. 백성들과 여호수아 자신에게 거듭하여 강하고 담대하라고 명령합니다. 그것은 여호와 하나님께서 모세 자신에게 주셨던 강한 은혜였습니다. 가나안 땅에 들어가는 모든 백성들에게도 똑같은 은혜가 임할 것이라는 확신을 심어주는 것입니다. 그것은 이미 하나님께서 백성들보다 먼저 들어가셔서 아모리 왕 시혼과 바산 왕 옥을 멸하신 것으로 증명이 되었습니다. 가나안에 들어가면 안식년의 초막절에 백성들과 타국인 모두를 모아서 율법을 가르치라고 합니다.

또 하나 중요한 것은 하나님께서 이스라엘 역사가 흘러갈 방향을 미리 알려주시고 그것을 증명하기 위하여 노래를 지어서 들려주라고 하신 것입니다. 그것은 이스라엘의 타락에 대한 하나님의 직접적인 예언이고 그것을 경고하시는 말씀이었습니다. 그 노래는 이스라엘의 타락을 미리 말씀하셨다는 증거입니다. 그것은 또한 그럼에도 불구하고 하나님께서 완전히 버리지는 않으실 것이라는 약속이기도 했습니다. 그리고 마지막으로 율법책을 언약궤에 두라는 말씀이었습니다. 그것이 또 하나의 증거입니다.

본문 구성

모세의 후계자 여호수아	(1~8)
율법을 7년마다 낭독하라.	(9~13)
이스라엘의 배교에 대한 말씀	(14~23)
율법책을 언약궤 곁에 두라.	(24~30)

본문 적용

우리가 마지막 날을 보내고 있다면 하나님은 우리에게 어떤 말씀을 해주실까요? 모세는 이제 죽을 날을 얼마 남겨두지 않았습니다. '신명기'라는 책 한 권을 마지막 유언으로 남기고 이제 마무리하려고 합니다. 가장 중요한 것은 모세 자신의 뒤를 이어 가나안 정복이라는 하나님의 언약을 이끌어갈 사람입니다. 그 일을 이루는 지도자는 꼭 모세 같은 사람이라야 합니다. 여호와 하나님께서 광야생활 가운데에서도 항상 자신을 이끌어 가셨던 것처럼 그렇게 하나님의 이끄심을 받을 믿음의 사람이 필요했습니다. 그리고 모세가 죽기 전에 해야 할 말과 마무리해야 할 일이 있듯이 하나님께서도 역시 모세 이후를 준비하셔야 한다는 사실을 알아야 합니다. 안타깝게도 이스라엘의 앞날은 그리 밝은 것이 아니었습니다. 언젠가는 하나님과의 언약을 어기고 이방 신들을 섬길 날이 올 것이라고 하셨습니다. 그리고 그 때 하나님의 이 말씀을 기억하고 회개할 때 회복해 주겠다고 하셨습니다. 아무튼 우리 그리스도인들도 언젠가는 모세와 같은 상황을 만날 것입니다. 모세와 똑같은 사명은 아니지만 모든 그리스도인들에게는 사명이 반드시 주어집니다. 전체적으로 그것은 복음인데, 이것은 바로 하나님의 말씀입니다. 후손들에게 말씀을 남김으로써 하나님을 변함없이 섬기도록 하는 모세처럼 우리들에게도 우리의 삶을 통하여 전해지는 복음을 남겨야 합니다. 복음의 흔적을 통하여 사람들에게 그리스도 예수님을 전파해야 합니다. 그것은 바로 보이는 복음입니다. 우리의 삶 자체가 보이는 복음이 되어야 하는 것입니다.

❶ 너희는 강하고 담대하라.

핵심구절 : "너희는 강하고 담대하라 두려워하지 말라 그들 앞에서 떨지 말라 이는 네 하나님 여호와 그가 너와 함께 가시며 결코 너를 떠나지 아니하시며 버리지 아니하실 것임이라 하고 모세가 여호수아를 불러 온 이스라엘의 목전에서 그에게 이르되 너는 강하고 담대하라 너는 이 백성을 거느리고 여호와께서 그들의 조상에게 주리라고 맹세하신 땅에 들어가서 그들에게 그 땅을 차지하게 하라"(신 31:6~7)

여호수아서 1장에 보면 하나님께서 여호수아에게 직접 나타나셔서 하신 말씀은 강하고 담대하라는 것이었습니다. 하나님께서 반드시 너와 함께 하셔서 온 땅을 정복하게 하실 것이고 너를 떠나지 않을 것이므로 너는 강하고 담대하라는 말씀이었습니다. 이미 모세로부터 들은 말씀이지만 여호수아는 정말 담대해야 할 때 강하고 담대할 수 있는 보장을 받았던 것입니다. 40년 동안 이스라엘을 이끌었던 위대한 모세와 담대함의 뿌리가 되시는 여호와 하나님께로부터 직접 그 말씀을 들었기 때문입니다. 그런데 본문에 보니까 여호수아만 그 말을 들었던 것이 아니었습니다. 모든 백성들도 모세로부터 그 말을 들었습니다. 비록 일대일로 들은 것은 아니었지만 동일한 말씀을 고스란히 함께 들었습니다. 모세가 여호수아에게 말할 때에도 모든 백성들이 그 말을 그대로 듣고 있었습니다. 가나안 정복은 최고지도자 한 사람이나 장군들과 같은 리더들만 강하고 담대해서 되는 것이 아니라 모든 백성들이 다함께 강하고 담대해야 한다는 말씀인 것입니다.

가나안 땅은 이스라엘의 입장에서는 정복하기가 결코 쉽지 않은 땅이었습니다. 거인 족속들이 곳곳을 차지하고 있었고 성벽은 높았으며 이미 단단한 진지를 구축하고 있었습니다. 그런 곳들을 차례차례 정복해나가려면 기적적인 능력이 반드시 필요합니다. 예를 들어 여리고성은 이스라엘이 점령 가능한 성이겠습니까? 하나님께서 함께 하실 뿐만 아니라 특별한 능력으로 행하지 않으시면 정복이 불가능한 성입니다. 물론 하나님께서 그렇게 하셨습니다. 하지만 백성들이 강하고 담대하여 절대적으로 순종하지 않으면 그것은 또한 어렵습니다. 하나님의 계획도 강하고 담대한 지도자와 백성들이 아니면 이루어지기 어렵고, 하나님의 능력으로만 그렇게 하시더라도 인간에게는 별 의미가 없습니다. 우리 앞에는 마치 여리고성처럼 우리를 가로막고 있는 세상의 장벽이 놓여있습니다. 우리는 복음으로 깨뜨려야 합니다. 우리가 강하고 담대할 때 하나님도 우리와 함께하십니다. 하나님은 지금 기독교 지도자들 몇 사람이 아니라 강하고 담대한 모든 그리스도인들을 필요로 하십니다.

"나의 간절한 기대와 소망을 따라 아무 일에든지 부끄러워하지 아니하고 지금도 전과 같이 온전히 담대하여 살든지 죽든지 내 몸에서 그리스도가 존귀하게 되게 하려 하나니 이는 내게 사는 것이 그리스도니 죽는 것도 유익함이라"(빌 1:20~21)

적용하기 : 당신은 복음을 삶으로 얼마나 보여주고 있다고 생각합니까? 강하고 담대하지 못하면 복음을 삶에서 보여줄 수 없습니다. 그것을 위해 지금 당신에게 필요한 것은 무엇입니까?

❷ 얼굴을 숨기리라.

핵심구절 : "내가 그들에게 진노하여 그들을 버리며 내 얼굴을 숨겨 그들에게 보이지 않게 할 것인즉 그들이 삼킴을 당하여 허다한 재앙과 환난이 그들에게 임할 그 때에 그들이 말하기를 이 재앙이 우리에게 내림은 우리 하나님이 우리 가운데에 계시지 않은 까닭이 아니냐 할 것이라 또 그들이 돌이켜 다른 신들을 따르는 모든 악행으로 말미암아 내가 그 때에 반드시 내 얼굴을 숨기리라" (신 31:17~18)

신앙생활을 하다가 보면, 하나님의 일을 감당하다가 그런 것이든 그냥 생활 속에서 생긴 것이든, 하나님께서 얼굴을 숨기신 것 같은 느낌이 들 때가 있습니다. 그 기간이 장기간일 수도 있고 짧은 순간일 수도 있지만, 하나님을 믿는 사람으로서는 참으로 힘들고 어려운 시간들입니다. 그런데 본문에서는 백성들이 가나안 땅에 들어가서 그 땅의 이방 신들을 음란하게 섬길 때에 하나님의 얼굴을 숨기심으로써 허다한 재앙과 환난이 임하리라고 말씀하십니다(16). 율법을 어기면 재앙을 주시지만 얼굴을 숨기지는 않으십니다. 그들을 돌이키려고 많은 일을 행하시지만 얼굴을 숨기시는 것은 아닙니다. 오직 다른 신을 섬길 때 하나님의 얼굴을 숨기시고 아예 간섭조차도 하지 않으십니다. 그런데 이방 신들을 섬기리라고 하시지만 이것은 모든 율법을 범한다는 뜻과 같은 말입니다. 하나님 없이 살려고 할 때 하나님의 율법을 무시하고 우상을 숭배할 수밖에 없기 때문입니다. 다만 본질은 하나님을 섬기는 것이 아니라 우상을 숭배하는 것이라는 말입니다.

그렇습니다. 우리가 하나님 이외의 다른 신(과 같은 존재)을 섬기는 삶을 살면 하나님께서 아예 외면해 버리십니다. 그것은 간섭 자체를 하지 않으신다는 뜻이고 그 사람에 대해 관심 자체를 끊어버린다는 뜻입니다. 그 사람이 우상을 섬기든 쾌락을 즐기든 내버려 두십니다. 본문의 말씀은 백성들로 하여금 그렇게 된 경우에라도 속히 돌아오라는 뜻으로 하시는 말씀이지만 오늘날 우리는 이 말씀을 확대해석할 줄 알아야 합니다. 왜냐하면 하나님께 대한 배반과 범죄는 날이 갈수록 더 커지고 깊어지고 넓어지는 것이기 때문입니다. 축복은 그 기대감을 축소하고 개인의 명예와 권위를 줄이기 위해서 좀 덜 강조하더라도 재앙은 더 크게 강조하여 거기에 빠지지 않도록 해야 합니다. 하나님께서 그 얼굴을 돌리시고 우리를 외면하시는 것 같으면 극히 심각하게 여기고 빨리 돌아올 수 있어야 합니다. 그리고 우리가 분명한 그리스도인이라면 하나님은 그럼에도 불구하고 계속 우리를 기다리십니다. 하나님께서 외면하고 계신다는 느낌이 생기면 그것은 곧 죽음이 임박한 것이라는 사실을 믿고 모든 것을 버리고 돌아와야 합니다.

"일렀으되 이 백성에게 가서 말하기를 너희가 듣기는 들어도 도무지 깨닫지 못하며 보기는 보아도 도무지 알지 못하는도다 이 백성들의 마음이 우둔하여져서 그 귀로는 둔하게 듣고 그 눈은 감았으니 이는 눈으로 보고 귀로 듣고 마음으로 깨달아 돌아오면 내가 고쳐 줄까 함이라 하였으니 그런즉 하나님의 이 구원이 이방인에게로 보내어진 줄 알라 그들은 그것을 들으리라 하더라"(행 28:26~28)

적용하기 : 당신은 하나님의 경고를 들은 적이 있습니까? 물론 육성이 아니라 상황의 언어로 그렇게 말씀하셨을 것입니다. 당신이 지금 돌이켜야 할 부분은 어떤 부분입니까?

하나님의 마음 :

지금 인생을 마무리해야 한다고 생각할 때 당신이 할 일이 무엇일까를 하나님께 물어본다면 뭐라고 대답하실 것 같습니까?

오늘 받은 은혜 :

전체적으로 당신이 받은 은혜와 느낌을 기록해보십시오.

실천을 위한 도전 : (기도하여 성령님의 인도하심을 받으십시오.)

당신의 신앙적 삶을 돌이켜볼 때 딱 한 가지를 고쳐야 한다면 당신은 무엇이라고 대답하겠습니까? 지금이라도 그것을 하십시오.

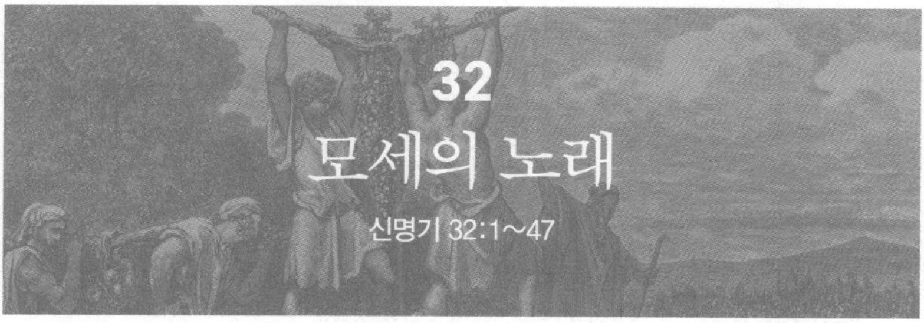

32 모세의 노래

신명기 32:1~47

본문 개론

본장은 모세가 이스라엘의 배교와 하나님의 심판을 주제로 하여 이스라엘의 미래의 역사를 노래하고 있습니다. 하나님께서 이스라엘을 택하셨음을 묘사하고 광야시절로부터 그 땅을 소유하고 축복을 향유하기 시작할 때까지 그들을 돌보신 것을 묘사합니다. 그러나 하나님의 극진한 사랑과 그럼에도 이스라엘이 하나님을 떠날 것을 노래하고 나서 하나님께서 진노하면서 재앙을 내리심과 동시에 이스라엘을 대적한 나라들에게도 공의의 심판을 내리실 것을 경고하고 있습니다. 그리고 마지막으로 모세가 어떻게 임종해야 할 것인지에 대한 하나님의 말씀이 나옵니다.

모세의 노래가 비록 타락과 심판이라는 어두운 미래를 예언하고 있지만 그것은 이스라엘의 타락을 미리 막고 그럼에도 불구하고 타락했을 때에는 그 원인이 백성들 자신의 죄임을 깨우치며 그렇게 하나님의 사랑과 심판을 깨닫고 나서는 빨리 하나님의 품으로 돌아오게 하려는 데 그 목적이 있습니다. 하나님의 말씀이 곧 생명이므로 결단코 버리지 말라고 강하게 권고하는 것입니다. 노래라고 이름 붙인 특징상 이스라엘의 죄악된 역사를 꾸짖는 준엄함과 함께 하나님의 공의로우심과 따뜻한 마음을 찬양하는 열정으로 채워져 있습니다.

본문 구성

여호와를 찬양하다.	(1~4)
이스라엘을 향한 하나님의 사랑	(5~14)
이스라엘의 배교와 하나님의 진노	(15~25)
하나님의 공의와 자비	(26~38)
대적에 대한 하나님의 심판	(39~43)
순종에 대한 마지막 권고	(44~47)

본문 적용

많은 사람들이 예수 믿고 죄 사함 받고 거듭났으니까 이제 천국은 따 놓은 당상이라고 생각합니다. 한 번 구원은 영원한 구원이라는 것입니다. 이것을 당연하다고 생각합니다. 정말 그럴까요? 물론 틀린 말은 아닙니다. 그러나 몇 가지 전제조건이 따라온다는 사실도 함께 알아야 합니다. 첫 번째는 주님께 바짝 붙어있어야 한다는 것입니다. 나무의 뿌리가 땅 속에 단단하고 깊게 내리고 있을 때에는 그 생명력이 왕성해진다는 지극히 평범한 이치가 그리스도인의 생명력을 말해주는 것입니다. 두 번째는 점점 자라나고 열매가 열려야 한다는 것입니다. 살아있다면 자라나고 자란다면 반드시 열매가 열리고 거두어지게 됩니다. 세 번째는 구원은 완성이 아니라는 말입니다. 육체의 생명이 사라질 때까지 계속하여 자라나야 비로소 그 구원은 완성될 수 있는 것입니다. 그렇기 때문에 본장의 모세의 노래는 우리들에게 주시는 분명한 메시지를 담고 있는 것입니다. 예수님 이외에 어떤 것도 섬기면 그것은 우상숭배입니다. 그것은 하나님께서 가장 싫어하시는 일입니다. 오직 그리스도 예수님께만 모든 초점을 맞추어야 합니다.

❶ 옛날을 기억하라.

핵심구절 : "어리석고 지혜 없는 백성아 여호와께 이같이 보답하느냐 그는 네 아버지시요 너를 지으신 이가 아니시냐 그가 너를 만드시고 너를 세우셨도다 옛날을 기억하라 역대의 연대를 생각하라 네 아버지에게 물으라 그가 네게 설명할 것이요 네 어른들에게 물으라 그들이 네게 말하리로다"(신 32:6~7)

지금 우리의 신앙은 어떤 방식으로 후손들에게 전수되고 있습니까? 멀리 초기교회까지 돌아갈 것 없이 당장 우리나라에서 기독교 신앙은 우리의 후손들, 다음 세대에 전달되고 있습니까? 우리 신앙의 원조는 순교신앙이었습니다. 물론 일제 강점기와 6·25 전쟁으로 인한 일제와 공산군의 압제 아래 있었던 특수한 상황에서였습니다만, 오늘날 모든 것이 불분명해지고 해이해지고 확신이 사라진 기독교 신앙의 모습을 살펴보면 너무나도 큰 차이가 있는 것을 발견합니다. 모든 것을 벗어던지고 복음에 온몸을 걸다시피 하는 성도들과 하나님을 섬기기 위하여 모든 손해를 다 감수하던 그런 모습의 성도들은 찾아보기 어려운 것이 신앙현실입니다. 왜 우리는 순수신앙, 오직 복음에만 모든 것을 걸던 신앙을 잃어버렸을까요? 물론 열심히 신앙생활을 하는 분들이 많이 있습니다. 그런데 그런 신앙의 모습들이 축복의 신앙, 성공의 신앙, 번영의 신앙이라면 그것은 우리가 알지 못하는 사이에 흔적도 없이 사라져버릴 신앙일 것입니다. 그런 신앙은 결코 후손들에게 올바른 복음으로 전수될 수가 없습니다. 왜 이렇게 되었을까요?

사회학적으로 그 이유와 원인을 살펴볼 수는 없겠습니다만, 일단 그 핵심적인 원인을 찾으라면 그것은 그리스도의 복음이 부모들을 통하여 후손들에게 전달되지 못하기 때문일 것입니다. 오늘날 학교교육도 마찬가지입니다만, 모든 것을 교회에만 맡겨둡니다. 가정을 통하여 신앙이 전수되지 못하면 살아있는 신앙으로 연결될 수가 없습니다. 기독교 신앙의 현대적 특징이라고 할 수 있는 삶 속에서의 복음이 모습을 다 잃어버린 탓이라는 말입니다. 교회생활에만 모든 책임을 다하면 그리스도인으로서의 삶을 충분히 감당하는 것이라는 생각 말입니다. 그러니까 추상적이고 관념적이며 가슴을 움직이지 못하고 머릿속에서만 제대로 믿는 그런 신앙이라는 말입니다. 복음은 온 세상을 구원할 수 있지만 그것을 삶에서 드러내지 못하면 그것은 죽은 신앙입니다. 순교신앙이 다 사라져버린 이유는 신앙 자체가 죽었기 때문입니다. 우리는 우리의 후손들이 참 신앙의 모습을 기억할 수 있도록 삶 속에서의 신앙을 보여주는 삶을 살아야 합니다. 교회에서 채워진 영성을 가정과 세상에서 복음적인 삶으로 표출해야 합니다.

> "만일 형제나 자매가 헐벗고 일용할 양식이 없는데 너희 중에 누구든지 그에게 이르되 평안히 가라, 덥게 하라, 배부르게 하라 하며 그 몸에 쓸 것을 주지 아니하면 무슨 유익이 있으리요 이와 같이 행함이 없는 믿음은 그 자체가 죽은 것이라"(약 2:15~17)

적용하기 : 당신의 믿음은 후손이나 후배들에게 어떻게 전수되고 있습니까? 전수할 만한 믿음의 삶을 살고 있습니까?

❷ 근래에 들어온 새로운 신들

핵심구절 : "그들이 다른 신으로 그의 질투를 일으키며 가증한 것으로 그의 진노를 격발하였도다 그들은 하나님께 제사하지 아니하고 귀신들에게 하였으니 곧 그들이 알지 못하던 신들, 근래에 들어온 새로운 신들 너희의 조상들이 두려워하지 아니하던 것들이로다"(신 32:16~17)

새로운 이단들이 자꾸 나타나는 것처럼 광야시대에도 새로운 신이 자꾸 창조되는 것 같습니다. 물론 여러 민족들과 부딪치다가 보면 그들이 원래 섬기는 신들을 새로 발견할 수도 있습니다. 기독교 이단들도 바울의 시대에서부터 존재했고 복음을 방어하기 위해서 신학이 생기기도 했습니다만, 그 이후로 인류 역사는 기독교 이단의 역사와 함께 지속적으로 새로운 모습으로 탈바꿈해왔습니다. 지금 우리나라의 이단들도 근원을 따져 들어간다면 모두가 초대교회에서 그 기원을 찾을 수 있을 것입니다. 하지만 아무리 새로운 모습으로 탈바꿈하여 그럴 듯하게 꾸며도 그 실체는 마귀일 뿐입니다. 그래서 어떤 모습으로 나타나든 눈길을 돌릴 필요도 없고 알아볼 필요도 없는 것입니다. 그런데 근래에 들어온 새로운 신들은 색다른 우상의 모습이나 이름, 또는 새로운 예배방식 등으로만 등장하는 것은 결코 아닙니다. 출애굽 시대에는 그렇게 나타났지만 현대사회에서는 그런 모습이 결코 아닙니다. 이단이나 사이비 등 다른 종교의 모습으로도 많이 나타나지만 진짜 새로운 신은 그런 것이 아닙니다.

그것은 새로운 문화의 모습이며 새롭고 매력 있는 신지식의 모습이며 새로운 사조의 모습이며 유행의 모습으로 나타납니다. 심지어 단지 '새로움'이라는 우상으로 나타나기도 합니다. 그런데 그것이 참 심각합니다. 우상에게 절하고 점을 치고 예언을 듣는 것도 심각하지만 그것보다 우리 삶 속에 침투해있는 편의성, 지름길, 일확천금의 꿈, 돈을 쉽게 벌 수 있는 방법, 빨리 부흥되는 비결, 이름뿐인 자격증, 새로운 목회 개념 등 아무튼 하나님 없이 자기들의 힘으로 빨리 크고 넓게 확장하고자 하는 것들은 모두가 새로운 신들입니다. 물론 전혀 새롭지 않을 수 있습니다만, 하나님이 아니라 그런 것을 좇아가는 순간 그것은 여지없이 새로운 신이 되어버립니다. 본질을 잃어버린 채 아무리 새로운 것으로 포장하면 무엇 합니까? 시대에 대응하지 말라는 것이 아니라 생명을 지키지 못하면 아무 소용이 없다는 말입니다. 복음대로 사는 것 외에는 모두가 부수적인 것일 따름입니다.

> "오직 너희는 그리스도의 복음에 합당하게 생활하라 이는 내가 너희에게 가 보나 떠나 있으나 너희가 한마음으로 서서 한 뜻으로 복음의 신앙을 위하여 협력하는 것과"(빌 1:27)

적용하기 : 당신은 복을 위해서 삽니까, 아니면 복음을 위해서 삽니까? 복음을 위해서 사는 삶을 훼방하는 것은 무엇입니까?

❸ 헛된 일이 아니라 생명이니

핵심구절 : "그들에게 이르되 내가 오늘 너희에게 증언한 모든 말을 너희의 마음에 두고 너희의 자녀에게 명령하여 이 율법의 모든 말씀을 지켜 행하게 하라 이는 너희에게 헛된 일이 아니라 너희의 생명이니 이 일로 말미암아 너희가 요단을 건너가 차지할 그 땅에서 너희의 날이 장구하리라"(신 32:46~47)

신앙생활을 하다가 보면 때로는 모든 것이 헛된 일인 것처럼 느껴질 때가 있습니다. 나름대로 열심히 믿고 있다고 생각하는데 별로 변화나 진전이 없어 보일 때가 있습니다. 하나님의 사명 혹은 주어진 은사라고 생각하고 맡겨진 바를 감당하려고 최선을 다해 노력하는데 별 응답도 없어 보이고 열매도 없어 보입니다. 그렇다고 무슨 큰 비전이나 소망이 주어져서 증거가 드러나고 있는 것도 아닙니다. 특히 목회나 선교 등 사역자들이 매일매일의 반복적인 사명을 감당하고 있지만 도무지 앞날이 보이지 않고 하나님께서 받으신다는 확신도 흔들릴 수 있습니다. 이럴 때 어떻게 해야 하겠습니까? 물론 그렇지 않다는 사실을 너무나도 잘 알고 있습니다. 다만 좀 더 활력 있는 사역을 하고 싶다는 말입니다. 아무 일도 일어나지 않는 것도 어렵지만 반복적으로 비슷한 문제를 만나는 것도 어렵습니다. 언제나 문제가 사라질까요? 이스라엘 백성들도 비슷한 느낌을 가지고 있었나 봅니다. 율법의 모든 말씀을 다 지키고 있는데도 그것이 헛된 일인 것처럼 느껴지기도 했나 봅니다. 그것을 모세도 알고 있었습니다. 모세는 그것이 바로 생명이라고 이야기합니다.

우리가 숨을 쉰다고 해서 삶의 가치를 느끼고 보람을 체험하는 것은 아닙니다. 물론 호흡기질환 등을 앓고 있는 사람이라면 마음대로 숨을 쉬는 것이 얼마나 엄청난 은혜인가를 느끼겠지만, 일반적으로 숨 쉬는 것은 전혀 의식하지 않고 지내는 것이 보통입니다. 그렇지만 만약에 숨을 쉬지 못한다면 어떤 일이 일어나겠습니까? 그 사람은 목숨을 잃어버릴 것입니다. 생명을 잃어버리게 된다는 말입니다. 그렇다면 매일 같이 별로 중요하지 않게 생각해오던 숨 쉬는 것이 사실은 우리 생명을 유지하기 위한 필수적인 현상인 것입니다. 쉽게 설명하기 위해 호흡에 비유해서 이야기했지만, 백성들이 율법을 지키는 것은 마치 숨을 쉬는 것과 같은 것이며 그럼으로써 백성들은 그들의 영적 생명을 유지할 수 있는 것입니다. 우리가 신앙생활을 열심히 해도 별 변화가 없는 것처럼 느껴질 수가 있지만 바로 그것이 우리의 영적 생명을 지키게 하는 것입니다. 그것이 없다면 우리는 하나님의 자녀로서의 생명력을 잃어버리게 될 것입니다.

"우리가 항상 예수의 죽음을 몸에 짊어짐은 예수의 생명이 또한 우리 몸에 나타나게 하려 함이라 우리 살아 있는 자가 항상 예수를 위하여 죽음에 넘겨짐은 예수의 생명이 또한 우리 죽을 육체에 나타나게 하려 함이라"(고후 4:10~11)

적용하기 : 당신은 영적 생명을 유지하기 위하여 매일 같이 행하는 것이 있습니까? 더 풍성한 생명을 누리기 위해서 덧붙인다면 무엇을 선택하겠습니까?

하나님의 마음 :

하나님은 이스라엘이 타락할 것을 아시면서도 모세의 노래를 통해서 경고하십니다. 목적은 회개입니다. 본장에서 당신에게 들리는 말씀은 무엇입니까?

오늘 받은 은혜 :

전체적으로 당신이 받은 은혜와 느낌을 기록해보십시오.

실천을 위한 도전 : (기도하여 성령님의 인도하심을 받으십시오.)

본장을 통하여 당신이 반드시 실천해야 할 것을 발견하고 있습니까? 한 가지만 선택하여 행하시기 바랍니다.

33
백성들을 축복하는 모세

신명기 32:48~33:29

본문 개론

이제 모세가 느보산으로 올라 죽음을 맞기 전에 이스라엘의 모든 지파에 대한 축복을 선포하고 있습니다. 앞장에서 모세는 백성들의 죄악으로 말미암아 하나님께서 저주와 재앙을 쏟아 부으실 수 있음을 말함으로써 애통과 비통으로 가득 찬 내용이었다면, 본장에서는 그럼에도 불구하고 하나님의 축복을 선포함으로써 다시 소망을 가지도록 만들고 있습니다. 먼저 시내산에 임하신 여호와의 불이 오랜 시간이 지나 세일산과 바란산에서 비추신 것을 말하면서 이스라엘은 언약관계를 맺은 가장 복된 민족임을 전제하고 있습니다. 이어서 지파들에 대해서 하나하나 축복하는데 야곱의 축복과는 다소 상이점이 있지만 각 지파에 맞게 예언적 기도로서의 축복을 선포했습니다. 축복의 내용은 르우벤에게는 번성, 유다에게는 승리, 레위에게는 경건한 삶과 풍족입니다. 베냐민에게는 안전, 요셉에게는 땅의 풍성을, 스불론에게는 확장을, 잇사갈에게는 내실을, 갓에게는 광대함을, 단에게는 용맹을, 납달리에게는 은혜를, 아셀에게는 기름짐을 선포합니다. 그리고 다시 한 번 하나님의 은혜와 이스라엘의 복됨을 강조하면서 끝을 맺게 됩니다. 이 축복은 하나님의 은총이 임할 것을 염원하는 축복기도에 해당되며 또한 일종의 예언적인 선포로서 행하는 엄숙한 의식입니다. 노아의 축복, 이삭의 축복, 야곱의 축복도 모두 여기에 해당됩니다.

본문 구성

모세의 죽음을 예고하시다.	(32:48~52)
모세의 축복 도입부	(33:1~5)
열한 지파에 대한 축복	(6~25)
이스라엘 전체에 대한 선포	(26~29)

본문 적용

지파들마다 특징이 있고 강조점에 따라 더 중대하게 다루는 지파가 있기는 합니다만, 모든 지파에 대한 축복이 모여 이스라엘 전체에 대한 축복으로 완성되어야 할 것입니다. 그렇게 이루어진 결론 부분이 마지막에 선포되고 있는 것입니다. 이스라엘은 결국 어떤 민족이고 어떤 것이 그들에게 가장 큰 축복이겠습니까? 그것은 바로 여호와 하나님 자신입니다. 아무리 큰 복을 받아도 여호와 하나님이 없이 받은 것이라면 그것은 별 의미 없는 허무한 모습일 뿐입니다. 이스라엘은 천지를 창조하신 위대하신 하나님, 그 하나님께서 이스라엘의 거처가 되시며 보호자가 되시며 비옥한 땅을 얻게 하실 것이고 하나님으로 말미암아 구원을 받을 이스라엘입니다. 끝까지 믿고 순종하기만 하면 모든 것 되시는 하나님께서 가장 좋은 것으로 채워주십니다. 사람이 보기에 가장 좋은 것으로 여겨지지 않는다고 해도 사람에게 가장 좋은 것이 무엇인지를 하나님은 너무나도 잘 아십니다. 모든 그리스도인들에게도 똑같은 하나님께서 주인이 되시는 것입니다.

❶ 특별한 선물 받았나요?

핵심구절 : "요셉에 대하여는 일렀으되 원하건대 그 땅이 여호와께 복을 받아 하늘의 보물인 이슬과 땅 아래에 저장한 물과 태양이 결실하게 하는 선물과 태음이 자라게 하는 선물과 옛 산의 좋은 산물과 영원한 작은 언덕의 선물과 땅의 선물과 거기 충만한 것과 가시떨기나무 가운데에 계시던 이의 은혜로 말미암아 복이 요셉의 머리에, 그의 형제 중 구별한 자의 정수리에 임할지로다" (신 33:13~16)

본장을 읽으면서 요셉에게 주시는 축복을 주목해보게 됩니다. 모세가 요셉 자손에게 주는 축복의 내용은 모두가 선물이라는 것이기 때문입니다. 물론 다른 지파에게 주시는 것이 어떤 일에 대한 대가나 보상이 아닌 것은 마찬가지입니다. 그런데 야곱의 축복과 마찬가지로 각 지파마다 성격과 품성과 믿음과 행동의 결과로서 주어진다는 사실을 우리는 알아야 할 것입니다. 만약에 그 지파의 특성이나 성향이나 믿음의 정도를 무시하고 큰 것으로 채워준다고 해도 그것을 그대로 감당할 수 있는 것은 아닙니다. 지금 현재의 내 상황이 바로 내 믿음입니다. 그렇기 때문에 요셉에게 주시는 선물들은 분명히 요셉의 행위에 맞는 것임에 틀림이 없습니다. 다만 다른 모든 지파에게도 그 믿음에 맞는 선물을 주시는 것만은 확실합니다. 요셉은 신비한 인물로서 하나님의 손에 붙잡힌 사람이었습니다. 우리 그리스도인들도 그리스도의 신비한 힘에 이끌리어 구원의 선물을 받은 사람들입니다. 그렇기 때문에 요셉에게 주신 선물이 바로 우리에게 주시는 선물인 것입니다.

모든 그리스도들에게는 공통적으로 받은 선물이 있고 각각 개인적으로 받은 선물이 있습니다. 그리스도의 피로 말미암아 죄 씻음과 거듭남과 구원을 모든 그리스도인들이 다 같이 받았습니다. 개인에 따라 여러 가지 과정이 있고 주님을 영접하기까지 다양한 경로가 있겠지만 전부 선물로 받았던 것입니다. 이것을 잊어버리거나 희미해진다면 그에게는 어느새 구원의 감격이 떠나가 버릴 것입니다. 공짜로 받은 것이기 때문에 소홀히 여긴다면 그 선물은 허공으로 사라질 것입니다. 만약에 우리가 예수님처럼 십자가에서 죽었다가 다시 살아나는 고통의 구원을 받았다면 우리의 구원이 그렇게 가볍겠습니까? 물론 그렇게 되어버린다면 그 구원은 우리의 공로가 되어버릴 것입니다. 그런 구원은 선물이 아닙니다. 우리가 받은 선물로서의 구원은 그리스도 예수님께서 죽음으로 얻어내신 구원입니다. 모든 것이 선물이라는 사실을 잊어버린다면 그리스도인은 은혜도 잃어버릴 것이고 사랑도 잃어버릴 것이고 복음도 천국도 전부 다 잃어버릴 것입니다. 모든 것이 선물입니다.

"너희는 그 은혜에 의하여 믿음으로 말미암아 구원을 받았으니 이것은 너희에게서 난 것이 아니요 하나님의 선물이라"(엡 2:8)

적용하기 : 당신이 그리스도인으로서 받은 선물을 나열해 보십시오. 우리의 생명으로부터 시작하여 선물 아닌 것이 전혀 없습니다.

❷ 너는 행복한 사람이로다.

핵심구절 : "이스라엘이여 너는 행복한 사람이로다 여호와의 구원을 너 같이 얻은 백성이 누구냐 그는 너를 돕는 방패시요 네 영광의 칼이시로다 네 대적이 네게 복종하리니 네가 그들의 높은 곳을 밟으리로다"(신 33:29)

어떤 행복을 소유할 것인지에 대해서 생각해보면 행복도 그 사람이 추구하는 바에 따라서 완전히 달라지는 것 같습니다. 여호와께서 구원을 주신 백성이라고 할지라도 행복을 얼마나 누리는가 하는 점이 중요합니다. 이스라엘 백성들은 행복한 사람들임에 틀림이 없습니다. 다만 그들은 그 행복을 누리지 못했습니다. 행복을 누리기 전에 그 행복의 의미도 몰랐습니다. 그토록 많은 기적과 승리와 만족과 보호하심을 두 눈과 온 몸으로 체험하게 하셨음에도 말입니다. 그러므로 행복한 사람이 되기 전에 행복한 사람이 될 수 있는 훈련이 되어 있어야 합니다. 물론 하나님은 숱한 은혜와 사랑으로 그들을 훈련하셨습니다. 이 세상에서 개인이든 민족이든 국가이든 이스라엘 민족만큼 강한 훈련을 받은 경우가 있었습니까? 그런데도 왜 그들은 행복해지는 훈련에 실패했을까요? 그것은 어려울 때마다 원망하고 불평하고 배반했기 때문입니다. 훈련이 될 만하면 곧바로 원망했습니다. 훈련이 될 시간을 주지 않았습니다. 훈련은 훈련을 소화할 수 있는 인내의 시간, 기다림의 시간이 필요하다는 말입니다.

오늘 우리가 그렇습니다. 이스라엘의 율법훈련이 얼마나 철저했습니까? 말씀을 마음에 새기고 자녀에게 부지런히 가르치며 집에 앉았을 때에든지 길을 갈 때에든지 누워 있을 때에든지 일어날 때에든지 이 말씀을 강론하라고 하셨습니다. 율법이 의식 속에 유전자처럼 새겨지도록 하셨습니다. 그런데 이들은 결국 하나님의 백성으로서 실패하고 말았습니다. 인내함으로써 느껴야 하는 하나님의 마음을 이해하지 못했기 때문입니다. 선민으로서의 의식이 세워져야 하는데 율법의 조문만 새겨지고 말았습니다. 하나님과 동행하는 행복훈련이 되어 있지 않았습니다. 우리 그리스도인들에게도 이 행복훈련이 너무나도 필요합니다. 다른 데에서 행복을 찾으려는 성도들은 이스라엘 백성들처럼 될 것입니다. 모든 말씀에서 하나님의 마음을 이해해야 참 행복을 얻을 수 있습니다.

> "무릇 징계가 당시에는 즐거워 보이지 않고 슬퍼 보이나 후에 그로 말미암아 연단 받은 자들은 의와 평강의 열매를 맺느니라"(히 12:11)

적용하기 : 당신은 하나님의 말씀으로 인한 행복을 얼마나 자주 맛보고 있습니까? 말씀에서 행복을 찾을 수 있어야 합니다.

하나님의 마음 :

하나님의 행복은 구원을 누리는 백성들과 함께 기쁨을 누리는 것입니다. 당신은 어느 정도나 하나님을 행복하게 해드리고 있습니까? 그리고 어떻게 하면 될까요?

오늘 받은 은혜 :

전체적으로 당신이 받은 은혜와 느낌을 기록해보십시오.

실천을 위한 도전 : (기도하여 성령님의 인도하심을 받으십시오.)

모세가 각 지파에 행한 축복에서 당신에게 적합한 지파는 어디라고 생각합니까? 그 지파의 축복을 받기 위해서 당신이 해야 할 일 한 가지만 선택해서 시작하십시오.

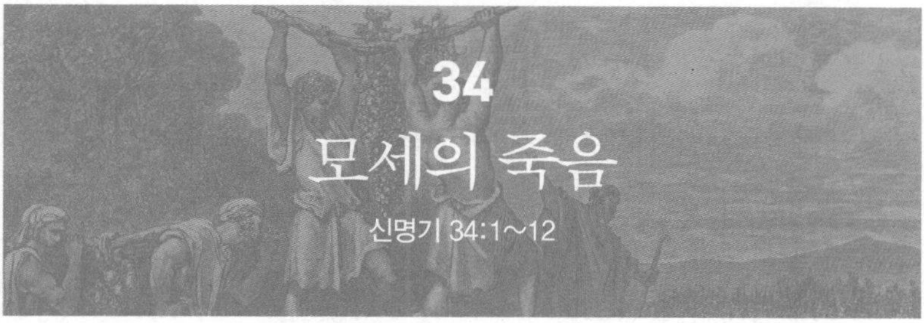

34
모세의 죽음

신명기 34:1~12

본문 개론

앞장에서 모든 지파에 대한 축복으로 유언을 마친 모세는 이제 하나님의 지시대로 느보산에 올라가 가나안 땅을 바라본 후에 죽음을 맞이합니다. 비록 모세는 가나안 땅에는 들어가지 못하고 바라보기만 했지만 그의 죽음으로써 저 영원한 하늘 가나안으로 들어갔습니다. 이 땅에서도 하나님과 대면했던 모세는 이제 저 하늘에서는 직접 눈으로 하나님과 대면하게 될 것입니다. 모세의 모든 사명과 권한도 여호수아에게로 넘어가게 됩니다. 이제 가나안 정복은 새로운 세대에게 맡겨집니다. 모세의 사명은 여기까지, 곧 가나안 정복을 위한 모든 준비를 완전하게 마무리하는 것까지입니다. 모세가 기록한 다섯 권의 성경은 여기에서 모든 순서를 마칩니다. 신명기의 마지막 장일뿐 아니라 모세오경의 마지막 장은 이렇게 장대하게 마칩니다.

본문 구성

모세가 산에서 가나안 땅을 바라보다. (1~4)
모세가 죽어 장사지내다. (5~8)
모세의 후계자 여호수아 (9)
모세의 위대함을 회고하다. (10~12)

본문 적용

모세의 생애는 40년씩 3등분됩니다. 준비기간과 연단의 기간, 그리고 성취의 기간입니다. 앞의 두 단계가 없었다면 오늘의 모세는 없었을 것입니다. 모세의 죽음은 아버지 아므람(137세), 조부 고핫(133세)과 비교하여 더 일찍 죽음을 맞이한 것으로 볼 때 그가 노쇠했기 때문에 하나님께서 데려가신 것은 아닙니다. 비록 모세가 므리바 물가에서 지팡이로 두 번 친 불순종 때문에 가나안에 들어가지 못하게 하신 것은 맞지만 전체적으로 볼 때 그것은 이스라엘을 향한 하나님의 계획이었을 것입니다. 인간적인 생각으로는 모세도 못내 아쉬워했습니다만, 하나님께서 보실 때에는 그것으로 모세는 충분히 완전한 삶을 살았습니다. 우리가 모세를 따라갈 수는 없지만 우리의 인생도 우리가 평가하는 것이 아니라 하나님께서 평가하시기에 온전한 삶이 되어야 할 것입니다. 내가 보기에 무엇을 이루고 못 이루고는 아무 것도 아닙니다. 목회자를 예로 들면 큰 교회를 이루고 무수히 많은 선교사역을 감당했더라도 그것이 곧바로 하나님께 공로가 될 수는 없습니다. 공로로 생각하는 순간 그의 모든 공로는 다 날아가 버릴 것입니다. 오직 하나님께만 판단을 맡겨드려야 합니다.

❶ 너는 그리로 건너가지 못하리라.

핵심구절 : "여호와께서 그에게 이르시되 이는 내가 아브라함과 이삭과 야곱에게 맹세하여 그의 후손에게 주리라 한 땅이라 내가 네 눈으로 보게 하였거니와 너는 그리로 건너가지 못하리라 하시매 이에 여호와의 종 모세가 여호와의 말씀대로 모압 땅에서 죽어 벳브올 맞은편 모압 땅에 있는 골짜기에 장사되었고 오늘까지 그의 묻힌 곳을 아는 자가 없느니라"(신 34:4~6)

앞에서도 이야기했지만 모세가 가나안 땅에 들어가지 못한 것은 단지 모세의 단 한 번의 불순종 때문만일까요? 물론 성경은 그것을 말씀하고 있습니다. 당연히 그 말씀은 진실입니다. 다만 여기에서는 그토록 사랑하시고 너무나도 크신 은혜를 주시고 대면하여 친구처럼 말씀을 나누시며 40년 동안이나 그 불평 많고 원망을 밥 먹듯이 하고 걸핏하면 우상숭배와 반역까지 저지르는 백성들을 뛰어난 인내와 기도로 이끌어왔던 그 모세에게 내리신 결정에 또 다른 은혜의 의미가 들어있을 것이라고 생각하는 것입니다. 모세가 비명횡사한 것도 아니고 거의 자연사에 가까운 죽음을 맞이했기 때문에 죽음 자체에 어떤 의미가 있는 것은 아닙니다. 우선 모세를 다소 일찍 데려가신 것은 모세와 더 빨리 만나기를 원하시는 하나님의 뜻이 아닐까 생각해봅니다. 우리가 향하는 곳은 어차피 하나님께서 계시는 저 천국입니다. 아무리 행복하다고 해도 이 세상은 여전히 고난의 나라입니다. 육신을 가지고 있는 이상 죄와 싸워야 하고 육체와 싸워야 하고 욕심과 싸워야 합니다. 우리도 오히려 저 천국에 가는 것을 더 사모할 수 있어야 합니다. 그래야 이 세상에서 더 크게 승리할 수 있습니다.

또 하나 생각해 볼 수 있는 것은 이제 가나안 땅으로 들어가는 사명은 새로운 세대에게 맡겨야 하기 때문일 것입니다. 모세를 통해서 가나안 정복을 성취할 수 없다는 것이 아니라 새로운 시대에는 새로운 리더십이 발휘되어야 한다는 말입니다. 그렇지는 않겠지만 만약에 모세가 가나안을 모두 정복하지 못하고 나이가 많아서 중단한다고 하면 이스라엘은 리더십을 잃어버리고 방황하게 될 것입니다. 그렇다면 가나안 정복과 그 이후의 이스라엘의 운명을 보장하지 못하게 될 것입니다. 물론 실제로 이스라엘은 타락의 길을 걷게 되지만 그것은 하나님의 계획이 아니라 백성들의 허물로 인하여 그렇게 된 것입니다. 권위나 인정을 받으려는 욕심을 버리고 하나님의 섭리에 맡길 수 있어야 합니다. 마지막으로 하나님께서 모세의 짐을 덜어주시려고 그럴 수 있습니다. 모세는 너무나도 큰 길을 걸어왔습니다. 모두가 하나님께서 하신 일들이었지만 하나님께서 모세에게 맡기실 수 있도록 그렇게 살아왔습니다. 그 무거운 짐을 더 이상 지지 않도록 하시는 하나님의 배려가 없다고 할 수는 없을 것입니다. 그러니까 모세에게 주어진 사명을 충분히 다 감당했다는 말입니다. 우리가 그렇게 된다는 것은 결코 쉽지 않은 일이지만 하나님께서 일을 마음 놓고 맡기실 수 있는 신앙을 목표로 삼는다면 하나님께서도 기뻐하실 것입니다.

"내가 이미 얻었다 함도 아니요 온전히 이루었다 함도 아니라 오직 내가 그리스도 예수께 잡힌 바 된 그것을 잡으려고 달려가노라"(빌 3:12)

적용하기 : 당신이 무엇인가를 이룰 수 있는 믿음 이전에 하나님께서 당신을 믿으실 수 있도록 하는 것이 중요합니다. 당신이 어떻게 하면 그렇게 될 수 있겠습니까?

❷ 여호와께서 대면하여 아시던 자

핵심구절 : "그 후에는 이스라엘에 모세와 같은 선지자가 일어나지 못하였나니 모세는 여호와께서 대면하여 아시던 자요 여호와께서 그를 애굽 땅에 보내사 바로와 그의 모든 신하와 그의 온 땅에 모든 이적과 기사와 모든 큰 권능과 위엄을 행하게 하시매 온 이스라엘의 목전에서 그것을 행한 자이더라" (신 34:10~12)

하나님과 대면한다는 말은 무슨 뜻일까요? 본문에는 하나님을 대면하는 모세의 삶을 간략하게 조명하고 있습니다. 여호와께서 애굽에 보내시고 바로와 온 땅과 이스라엘 앞에서 이적과 기사와 큰 권능과 위엄을 행하게 하셨다고 했습니다. 하나님을 대면하는 사람에게 이런 일을 맡기신다는 뜻입니다. 그러면 모세는 어떤 삶을 살았기에 하나님의 신임을 온몸에 받고 변함없이 40년 동안 백성들을 이끌 수 있었겠습니까? 첫째는 그의 심령이 투명하기 때문이라고 볼 수 있습니다. 하나님과 모세 사이에는 가로막힌 것이나 거리끼는 것이 없었습니다. 예수님은 팔복을 말씀하시면서 "마음이 청결한 자는 복이 있나니 그들이 하나님을 볼 것임이요"(마 5:8)라고 하셨습니다. 마음에 다른 욕심이나 숨기고 감춘 의도가 전혀 없었다는 말입니다. 그래서 하나님께서도 명백히 말하고 은밀한 말로 하지 않으셨던 것입니다(민 12:8). 그래서 우리는 하나님 앞에서 벌거벗을 필요가 있는 것입니다.

두 번째로, 그렇게 된 것은 모세가 하나님의 말씀의 의도를 알아들었기 때문이라고 할 수 있습니다. 성경을 읽을 때에도 그 속에 들어있는 하나님의 마음을 깨닫고 느낄 수 있어야 합니다. 하나님께서 백성들에게 직간접적으로 얼마나 중요한 생명 같은 말씀을 주셨습니까? 반복하고 거듭하여 강조하시고 경고하십니다. 그 의미를 백성들은 알지 못했고 심각하게 생각하지 않았습니다. 자기중심적인 시각으로, 마치 어린아이처럼 자기수준에서만 이해했을 뿐입니다. 그러나 모세는 하나님께서 하시는 말씀의 의미를 다 알아들었습니다. 그렇기 때문에 모세는 백성들과 하나님 사이에서 중보자의 역할을 할 수 있었던 것입니다.

세 번째로 그렇기 때문에 모세는 백성들과 다투지 않았습니다. 백성들은 아직 몰라서 그런 것일 뿐입니다. 모세도 물론 순간적으로 화를 낸 적이 있었습니다만, 전체를 놓고 보면 그는 백성들이 항의하고 반란을 일으킬 정도가 되어도 먼저 하나님께 무릎을 꿇었습니다. 그리고 반드시 응답을 받았습니다. 하나님도 잘 아십니다. 모세는 언제나 하나님 중심적으로 살았다는 것을 말입니다. 모세와 완전히 대비되는 것이 바로 이스라엘 백성들이었습니다. 그들은 철저하게 자기중심적인 사람들이었습니다. 모든 것을 코앞의 현상들에만 초점을 맞추고 있습니다. 미래를 생각할 줄 모릅니다. 이런 백성들을 이끌어가기 위해서는 그들과 다툴 필요가 없습니다. 우리가 모세와 같은 큰일을 감당할 수는 없지만 모세와 같은 영성으로 하나님께서 맡기시는 분복을 따라 온전한 그리스도인의 길을 걸어갈 수 있기를 바랍니다.

"너희 안에 이 마음을 품으라 곧 그리스도 예수의 마음이니 그는 근본 하나님의 본체시나 하나님과 동등됨을 취할 것으로 여기지 아니하시고 오히려 자기를 비워 종의 형체를 가지사 사람들과 같이 되셨고 사람의 모양으로 나타나사 자기를 낮추시고 죽기까지 복종하셨으니 곧 십자가에 죽으심이라"(빌 2:5~8)

적용하기 : 당신은 자기중심적인 믿음과 하나님 중심적임 믿음 사이의 어느 지점쯤에 있다고 생각합니까? 또는 믿음의 여러 요소에 따라 다르게 나타납니까?

하나님의 마음 :

하나님은 모든 그리스도인들이 하나님과 대면하여 아시던 자로서 살기를 바라십니다. 그것은 성령님께서 내주하심으로써 가능하게 되었습니다. 당신은 어느 정도나 그렇습니까?

오늘 받은 은혜 :

전체적으로 당신이 받은 은혜와 느낌을 기록해보십시오.

실천을 위한 도전 : (기도하여 성령님의 인도하심을 받으십시오.)

당신이 죽을 때에 하나님과 사람들로부터 어떤 평가를 받으면 좋겠습니까? 몇 가지를 써보고 그 중 한 가지부터 당장 시작하십시오.

도서목록표

제 목	면수	정가	제 목	면수	정가
■ 복음소책자			■ 하나님과의 관계회복		
1.당신을향한예수님의사랑	252	12,000원	1.그리스도인의 개혁:출발점	504	22,000원
2.기독교에 대해 궁금해요	276	13,000원	2.그리스도인의 회복:정체성	404	20,000원
3.교회는 왜? 성경은 왜?	256	10,000원	3.그리스도인의성화:두번째만남	376	18,000원
4. 통째로 예수님 읽기	272	10,000원	4.그리스도인의 개혁 워크북	164	8,000원
5. 천국과 지옥 보고서	205	8,000원	5.그리스도인의 회복 워크북	128	6,000원
6. 믿음 이야기	256	10,000원	6.그리스도인의 성화 워크북	136	7,000원
7. 예수님의 행복수업(팔복)	208	9,000원	■ 이웃과의 관계회복		
■ 핵심복음제자훈련			1. 보이는 복음, 이웃사랑	504	22,000원
1. 구원의 핵심	104	6,000원	2. 복음의통로, 비움과나눔	486	22,000원
2. 믿음의 핵심	113	6,000원	3. 넘치는복음, 낮춤과섬김	484	22,000원
3. 확신의 핵심	108	6,000원	4. 이웃사랑 워크북	152	8,000원
4. 복음의 핵심	116	6,000원	5. 비움과 나눔 워크북	136	7,000원
5. 소망의 핵심	120	6,000원	6. 낮춤과 섬김 워크북	136	7,000원
6. 말씀의 핵심	108	6,000원	■ 하나님과의관계 묵상		
■ 나만의 성경 시리즈			1.당신을깨우는한마디1출발점	254	12,000원
1. 나만의 마태복음	168	6,000원	2.당신을깨우는한마디2정체성	244	12,000원
2. 나만의 마가복음	168	6,000원	3.당신을깨우는한마디 3 성화	240	12,000원
3. 누가복음 새 큐티	240	12,000원	■ 이웃과의 관계 묵상		
4. 요한복음 새 큐티	240	12,000원	1.하나님마음에쏙드는이웃사랑	200	11,000원
■ 단행본			2.이웃의문을활짝여는나눔의삶	210	11,000원
만약에(성경 속 들락날락)	208	11,000원	■ 예수님동행훈련		
작은 교회에 길을 묻다	408	22,000원	1. 예수님과 노숙하기	184	9,000원
단에서 브엘세바까지	344	17,000원	2. 십자가 지고 골고다로	248	12,000원
천만 번의 발걸음/이성용	348	19,000원	3. 예수님따라 복음서 속으로	186	9,000원
오직 변화를 위하여	276	14,000원	4. 한달월급 아낌없이 나누기	240	12,000원
완전하게 하려 함이라	336	17,000원	내가 세례 요한이다	246	12,000원